Pour une démocratie concertée en Afrique noire

Gage du développement local et du bien-être social

Bruno Kaimwa Maneno

Pour une démocratie concertée en Afrique noire

Gage du développement local et du bien-être social

Comptes rendus

L'Harmattan

5-7, rue de l'École-Polytechnique ; 75005 Paris
http://www.harmattan.fr
diffusion.harmattan@wanadoo.fr
harmattan1@wanadoo.fr
ISBN : 978-2-343-08850-1
EAN : 9782343088501

Sommaire

Avant-propos

Cette publication est la première œuvre scientifique réalisée dans ma vie scientifique postdoctorale. Elle est le fruit de mes réflexions scientifiques transitoires entre la fin de mes études doctorales et le début de ma vie professionnelle. Je tiens ainsi à remercier ma femme Olga Mambu, ma fille Helèna Joyce, mon fils Nans Paul et ma petite Sœur Francine Kaimwa qui ont accepté que je me soustraie de temps à temps de certaines obligations familiales pour m'investir dans la rédaction de cet ouvrage.

Je remercie le Professeur Hubert Makengo et le Professeur Eddie Tambwe pour leurs encouragements. Je reste reconnaissant envers Ernest Haridi, Etienne Abeli et Benjamin Nzailu pour leurs sages conseils et leur soutien. Que le chef des travaux Albert Bushiri, Maitre Ndarabu Abedi et Monsieur Moise Abeli Kapenga trouvent ici l'expression de ma profonde gratitude.

Bruno Kaimwa Maneno

Introduction

Au cours de ces dernières années, la plupart des Etats africains ont opté pour la décentralisation du pouvoir public. Ce mode d'organisation, rappelons-le, veut que la population soit responsabilisée et participe efficacement dans la gestion de la vie publique. Le processus de décentralisation qui est d'actualité en Afrique, est un mode de gestion mis en place dans plusieurs Etats de notre planète : pays à régime démocratique avancé, pays émergeants et pays en développement.

Il faut dire que la particularité du processus de décentralisation actuelle est qu'elle privilégie le développement local. Parce que « la question des pouvoirs locaux revêt des aspects techniques, politiques et sociaux. Elle est à l'ordre du jour dans le monde entier et elle n'est pas sans relation avec la mondialisation de l'économie. Pour les tenants du libéralisme, c'est un des moyens du démantèlement de l'Etat et du projet de privatisation. Pour les partisans d'une démocratie participative, il s'agit de donner plus de pouvoir aux milieux populaires, la dimension locale étant un des lieux de résistance au néo-libéralisme[1].»

Le débat autour de la recherche des solutions aux problèmes de l'Etat en Afrique se fonde sur la *démocratie* et la *décentralisation* étant donné que la démocratie est le pouvoir du peuple par le peuple. Nous estimons que ce pouvoir doit être géré de

---

[1] Centre tricontinental, *Pouvoirs locaux et décentralisation*, L'Harmattan, Paris, 2014.

manière concertée. Les concertations contribuent à aplanir les divergences et à réduire les tensions qui peuvent nuire au bien être de la population. La gestion décentralisée du pouvoir œuvre pour le développement local qui a comme préalable : les bonnes politiques locales, la démocratie locale, la bonne économie qui voient jour dans des cycles de concertations démocratiques visant à améliorer le bien-être de la population.

Dans l'organisation de la société moderne, plusieurs secteurs de vie participent activement au développement de la société. La politique, l'économie, la culture,… Le bien être d'un peuple dépend bien évidemment de la bonne gestion combinée de ces différents secteurs. S'il arrivait qu'il ait un secteur qui domine au détriment des autres, la paralyse, l'asphyxie peut voir jour avec des conséquences qui peuvent affecter toute la société. Le continent Africain est à la recherche des voies de sortie pour surmonter les crises économiques, politiques, culturelles observées dans plusieurs pays. Ce livre explore une piste de solution qui aidera le continent à sortir des crises multiformes dans certains cas.

Dans la vie des Etats modernes, il est important que les efforts soient déployés dans tous les secteurs pour que la population vive dans la paix et dans le bonheur. Les efforts dans le domaine politique doivent être combinés avec des efforts dans les domaines économiques, scientifiques, culturelles,… autrement dit une organisation équilibrée de la société veut que des efforts politiques, économiques, culturelles et scientifiques se déploient conjointement pour qu'un résultat global efficace soit possible.

Il faut dire qu'il n'est pas logique de déployer plus d'activités politiques qu'économiques au sein d'une société. Il n'est pas aussi bon de déployer plus d'activités culturelles ou alors économiques. Il faut un équilibre entre ces différents aspects de la vie pour que les conditions de vie de la population s'améliorent aussi de façon équilibrée. D'où l'importance des concertations régulières au sein de la société étatique.

Pourquoi la démocratie concertée alors qu'il y a déjà la démocratie participative ? Quelle différence entre les deux ? La démocratie concertée est un mode de gestion des affaires publiques qui va au-delà de la simple participation citoyenne. La concertation oblige la population à réfléchir et à analyser son contexte de vie. Dans la suite, la même population interagit, et échange des idées pour trouver les voies de sortie aux problèmes. Il faut dire que la concertation est un mode de gestion républicaine. La démocratie concertée privilège les intérêts de la république. La démocratie concertée est une école de formation et d'information de la population, au niveau local, provincial et national.

Dans les cycles des conflits qui ont traversé l'Afrique depuis les indépendances jusqu'à nos jours, le dialogue, la concertation, la négociation, le débat, la conférence nationale ont toujours été au cœur des actions politiques menées pour chercher des solutions aux problèmes sociopolitiques qui ont menacé la survie de l'Etat. Face aux crises, les compromis étaient toujours possibles toutes les fois que l'Afrique en général et la République Démocratique du Congo en particulier était à la recherche des solutions à ses problèmes sociopolitiques les plus difficiles.

En République Démocratique du Congo, au début des années 1960, la sécession Katangaise, la sécession Kasaïenne, la rébellion Muleliste ont porté atteinte à la survie de l'Etat. Des négociations, des concertations et différentes rencontres, Lovanium, Antanarivo,

Luluabourg, ont proposé des solutions à la crise sociopolitique de ces années. Au début des années 1990, une autre crise sociopolitique a conduit à la convocation de la Conférence Nationale Souveraine et enfin le conflit armée de 1997-2003 a trouvé solution par la voie du Dialogue inter-congolais. Les réflexions approfondies sur cette réalité congolaise de manière particulière, nous ont éclairé et nous ont amené à ouvrir une ligne de recherche sur la théorie de la démocratie concertée. Il s'agit d'un mode de gestion du pouvoir qui privilégie des concertations rationnelles et légales dans la vie publique. La démocratie concertée que nous proposons comme théorie sur la gestion de la chose publique, doit se défaire des tares qui ont caractérisé les dialogues, les négociations et les concertations cités ci-haut. La théorie de la démocratie concertée ne prône pas la légitimité par consensus ou par négociation. Par contre, la théorie de la démocratie concertée que nous proposons doit se fonder sur la légitimité rationnelle et légale.

En République Démocratique du Congo, c'est la formule, *Nous, peuple congolais*, qui introduit le texte constitutionnel. Cette formule veut dire que les citoyens soient des sujets de l'Etat congolais et non pas des entités. Ce qui consacre une rupture totale avec des entités tribales et ethniques qui se font passer pour des sujets et qui constituent des pesanteurs pour le décollage effectif et multisectoriel de l'Etat. Ainsi, les tribus ne sont pas acteurs dans la nouvelle constitution, c'est le peuple qui est pris comme sujet de l'unité du pays selon la constitution congolaise. L'Etat moderne congolais en construction doit se fonder sur cette base.

Tocqueville, dans ses écrits sur la démocratie en Amérique, nous montre que la population luttait plus pour l'égalité et la liberté, au sein de la société américaine. Ces observations faites par Tocqueville nous renseignent que le jeu démocratie oblige dans certaines mesures les esprits faibles à s'élever et les esprits élevés à s'abaisser pour constituer un espace commun de rencontre au niveau de la société[2]. Ces observations faites par Tocqueville peuvent nous aider à mieux comprendre certains comportements qui ont lieu dans notre société. La quête de l'égalité entre citoyens qui a lieu au niveau local est parfois considérée comme une volonté du nivellement vers le bas. Cette attitude peut être aussi interprétée comme le souci de maintenir l'égalité sociale au sein des entités locales et de l'Etat. Il revient alors au pouvoir public de proposer des solutions qui contribueront à élever le niveau social global de la population, et par ce canal élever les conditions de vie de toute la société.

A son temps Madison avait fait une observation qui reste valable aujourd'hui dans le contexte congolais. Il affirma que « le zèle pour des opinions différentes sur la religion, le gouvernement ou d'autres points de théorie ou de pratique ; l'attachement à des chefs dont l'ambition se dispute la prééminence ou le pouvoir, ou à d'autres personnes dont la fortune intéresse les passions humaines, voilà ce qui, constamment, a divisé les hommes en partis, ce qui a excité en eux des animosités mutuelles, et ce qui les a disposés à se tourmenter et à s'opprimer les uns les autres, plutôt que de travailler de concert à leur prospérité commune[3].»

---

[2] TOCQUEVILLE, A., *Democracia en América 2*, Alianza editorial, Madrid, 2006, p. 238

[3] HAMILTON, A., *Le fédéraliste*, Busière, Paris, 1902, p. 69.

Le constat fait par cet auteur classique américain est une réalité qui se vit aujourd'hui dans plusieurs sociétés modernes. A la fin de son observation, Madison lance un appel : il invite le peuple à travailler en concert pour atteindre ensemble la prospérité commune. Cet appel est une interpellation aux sociétés modernes de rompre avec l'ordre ancien pour instaurer le nouvel ordre sociopolitique basé sur la concertation.

La République Démocratique du Congo est un de ces pays africains à la recherche d'un nouvel ordre sociopolitique depuis son indépendance. L'ordre actuel est incapable de traiter les problèmes vitaux de la société. Le système ancien s'est désintégré. La société congolaise à la recherche de ce nouveau mode d'organisation sociopolitique est en pleine métamorphose. C'est pratiquement la recherche de nouvelles voies et de nouveaux moyens d'organiser et de gérer la nouvelle société congolaise qui motive notre démarche d'élaboration de la théorie de la démocratie concertée[4].

La société congolaise est en pleine recherche d'un nouvel ordre sociopolitique pour rétablir, la sécurité et favoriser le développement de la société. Le point de départ important à instaurer dans le nouveau processus est la négociation permanente ou alors la concertation continue, permanente et inclusive. Une concertation qui s'appuie sur la participation de tous les citoyens à la vie publique. Une concertation à la fois horizontale et verticale qui veut prendre en compte les

---

[4] KAIMWA MANENO, B. *Enjeu de la décentralisation en RDC, organisation et gestion des entités de base: secteur et chefferie*, édition l'Harmattan, Paris, 2014, p. 285.

préoccupations des citoyens à tous les niveaux de la société.

Le choix du terme concertation est nôtre. Nous le préférons à la place de la consultation ou de la négociation. En utilisant le terme concertation, nous faisons recours au terme « *concert* » ou « *concertation* » pour expliquer la nouvelle organisation de la république démocratique que nous appelons de tous les vœux. Le concert ou la concertation que nous évoquons dans ce travail fait allusion à un accord, au fait de s'entendre pour agir ensemble. Les décisions prises de concert ou après une concertation doivent, selon notre entendement, être bénéfiques à tous. La concertation entre personnes ou entités permet de prendre des décisions bénéfiques et équilibrées pour toutes les parties impliquées dans une démarche définie. Pourquoi le choix de ce concept ? Trois justifications majeures expliquent notre choix :

En premier lieu, nous nous sommes référés à la définition du concept, au mode concerté de la gestion publique qui peut instaurer l'ordre et la stabilité dans la vie sociopolitique. Une concertation régulière, permanente et continue. Ce modèle de gestion de la vie publique peut réussir à stabiliser la société locale et nationale. Les différentes entités doivent apprendre à résoudre leurs querelles et leurs différences dans un climat de confiance et de respect mutuel.

En deuxième lieu, nous nous sommes inspirés d'une logique analogique qui part du concert musical à la logique politique. Le chef d'orchestre, chargé de commander le groupe musical, a la charge de chercher l'harmonie dans la combinaison de différentes voix des membres du chœur. Chaque chanteur participe avec sa voix différente de toutes les autres. Le chef d'orchestre et les chanteurs fournissent tous des efforts considérables pour créer l'harmonie dans l'œuvre finale, fruit de la combinaison des efforts de chacun de membres. Des efforts coordonnés et ordonnés, qui obéissent aux normes de l'équipe. Enfin, le choix répond à la logique de gestion de la vie dans la société traditionnelle congolaise. Cette société se voulait communautaire et la prise des décisions était concertée. Le consensus était toujours recherché dans les prises de décision[5]. Dans le processus de dialogue à court, moyen ou long terme, la concertation familiale, clanique a toujours été au centre des prises des décisions dans les sociétés africaines en général et congolaise en particulier[6]. Ainsi, la concertation dans la prise de certaines décisions n'est pas une nouveauté dans la société congolaise, mais une dynamique ancienne qui nécessite innovation et créativité pour sa revivification.

Nous pensons que la théorie de la démocratie concertée va contribuer à faire évoluer les mentalités de la population congolaise et africaine. Cette théorie a la capacité d'expliquer la gestion de la chose publique à tous les citoyens de la société. Du citoyen le moins instruit au citoyen le plus instruit, du président de la République au pauvre cultivateur qui vit dans les milieux ruraux. Nous pouvons bien le faire en nous référant à la logique traditionnelle de la gestion du pouvoir ou encore à la logique organisationnelle et opérationnelle d'un concert musical.

Nous croyons que l'un ou l'autre modèle explicatif nous aiderait à offrir une explication globale de la

---

[5] NGOMA BINDA, E., *Une démocratie libérale et communautaire pour la R. D. Congo et l'Afrique*, L'Harmattan, Paris, 2001, p. 141.
[6] ECONOMIC COMMISSION FOR AFRICA, *Relevance of African traditional institutions of governance*, ECA, Addis Ababa, 2007, p.3.

gestion du pouvoir politique. Etant donné l'importance des traditions et de la musique dans la vie de la société, partir de ce modèle explicatif donne plus d'avantages pour avancer dans le processus d'organisation et de gestion de la société, dans le dialogue permanent entre la population et le pouvoir public.

Chapitre 1 :
L'Afrique à la recherche d'un Etat idéal

L'histoire de l'humanité montre que l'une des grandes préoccupations de l'homme partout où il se trouve consiste à rechercher le bon mode d'organisation et de gestion de la société, de la cité et donc de l'Etat. Les différentes réponses proposées à cette préoccupation sont abouties aux différentes formes de l'Etat et différents régimes politiques dans le monde, des régimes plus connus aux régimes les moins connus.

Plusieurs formes d'Etat ont vu jour dans le monde. Le continent Africain n'a pas fait l'exception. A la veille des indépendances, le débat sur ce sujet était présent dans tous les coins du continent. Pendant la période de la guerre froide, les Etats à penchant capitaliste ont cohabité à côtés des Etats à penchant communiste. Aujourd'hui, le constat général est que la forme décentralisée du pouvoir attire plusieurs Etats africains. Mais avant d'examiner à fond cette question, cherchons d'abord à bien comprendre la politique.

1.1. Qu'est-ce que la politique ?

Aristote considère la politique comme l'art de fonder l'Etat, la volonté d'un peuple de mettre en place une société idéale qui favorise le bien-être de tous. Vincent Peillon fait lui une différence entre la politique et le politique. La politique désigne, pour lui, « un complexe de pouvoirs, d'opinions et de représentation » par contre, le politique est dit-il, « la recherche du bien commun et la participation de tous à cette recherche[7]».

De son côté, le Professeur Kabuya Lumuna[8] fait la différence entre la politique conçue de façon idéaliste, comme combat pour des grandes causes, ou la recherche de biens collectifs traversée par un mobile éthique et la politique conçue de façon pragmatique comme une activité de démarchages, de négociations, et d'arrangements qui visent la satisfaction des intérêts. En République Démocratique du Congo, dit-il, la politique a été associée aux mensonges : le devoir démocratique de séduire les électeurs entraîne souvent le devoir de mensonge, ou de mystification.

Dans la suite, Kabuya Lumuna définit le politique comme « champ ou cadre dans lequel se développe la responsabilité de l'organisation sociale et de l'organisation du pouvoir. Il indique donc l'objet tel qu'il peut être pris en compte, réalisé ou ignoré par l'action ou les faits observés. Politique au masculin ne désigne plus ni une intention de faire, ni une action, ni un projet, mais le cadre, objet de cette intention, de cette action, de ce projet ! ».

Ainsi, il nous faut dire que le politique est le fondement du bien-être de l'homme ou de la société humaine. La politique peut, quant à elle, conduire soit vers le bonheur soit vers le malheur d'une société. Pour construire une société heureuse, il faut une bonne politique. C'est sur base de cette bonne politique que s'appuie le politique qui est un appel à la responsabilité, à l'exigence, au devoir de l'homme

---

[7] PEILLON, V., *Eloge du politique, une introduction au XXIème Siècle*, éd. Seuil, Paris, 2011, p. 12

[8] KABUYA LUMUNA, C., *Manuel de sociologie politique*, éd. PUK, Kinshasa, 2011, p. 43

envers la société, à la recherche des solutions efficaces aux problèmes qui rongent la société. Toute société qui traverse une crise, une misère qui n'est pas de l'ordre d'une catastrophe naturelle, se trouve disons-le dans une crise du politique.

1.1.1. La politique comme art de gérer et d'organiser la société.

L'organisation et la gestion de la société exigent des capacités et des compétences nécessaires pour harmoniser certains points de vue, gérer les conflits, favoriser la cohabitation harmonieuse des personnes issues de différentes couches de la société.

Tout acteur politique aspire au pouvoir pour servir plusieurs objectifs ou alors pour bénéficier d'un certain prestige au niveau de la société[9]. Le vrai responsable politique apprend d'abord à voir et à comprendre les principaux problèmes de sa société avant d'entreprendre dans la suite les démarches pour résoudre le problème. « Celui qui adhère trop à son temps, qui coïncide pleinement avec lui, ne le voit pas... Pour voir son temps, le penser, le réfléchir, le comprendre, il faut être en distance avec lui, en déphasage, en anachronisme. Seul celui qui perçoit quelque chose d'insensé dans son temps, d'obscur, d'inactuel, qui ne s'y retrouve pas et s'y trouve désorienté, peut saisir son temps[10]. »

Pour mieux gérer et organiser une société, il faut comprendre et maîtriser les différents enjeux de la société, avoir des connaissances claires sur les défis à

---

[9] WEBER, M., *Ciencia como profesion, politica como profesion*, édition Espasa Calpe, Madrid, 2007, p. 89.
[10] PEILLON, V., op. cit. p. 15

surmonter au sein de la société. Si on est leader ou on veut surtout le devenir au sein d'une société, il faut apprendre à courir devant les événements. Il faut certaines qualités humaines comme la connaissance des principes qui régissent l'humanité, le sens de l'engagement, le courage, l'optimisme, l'empathie, l'honnêteté, la conscience, la capacité de bien comprendre les paradoxes et l'ambivalence de certaines actions.

C'est bien évidemment ces qualités qui offrent les capacités nécessaires aux acteurs politiques pour remplir efficacement leur rôle au sein de la société. Il faut dire que toute personne honnête qui voudrait bien s'engager dans la politique devait d'abord se poser la question de savoir si elle a en lui les qualités exigées pour s'engager dans la politique.

1.1.2. La place de la politique au sein de la société humaine.

Comme nous l'avons démontré ci haut, la politique a une place de choix au sein de chaque société humaine. Toutefois, il faut dire que la société humaine n'est pas seulement politique, elle est aussi économique, agricole, juridique, culturelle, scientifique,... Ces différents secteurs de vie sont organisés en grande majorité par la politique. Ces secteurs exercent des relations parfois de réciprocité entre eux. La survie de l'homme, son bien être passe par ces différents secteurs. Une bonne organisation politique ne peut pas se passer de ces secteurs d'importance vitale. La vie et l'organisation d'une société doivent se fonder sur une organisation multisectorielle équilibrée qui donne des réponses adéquates à la complexité de la vie en société.

Ceci qui conduit d'habitude à un équilibre rationnel entre les différents secteurs de vie en société.

L'équilibre organisationnel au sein d'une société veut que l'on évite une suprématie absolue d'un secteur de vie sur les autres. Il faut dire que la société humaine n'est pas seulement politique ou encore économique. Il n'y a pas que la politique comme activité principale de l'homme dans la société : il y a également l'économie, l'agriculture, les technologies, la culture,... L'équilibre parfait dans la vie de l'homme n'a lieu que dans une combinaison harmonieuse de ses différents secteurs de vie. D'où il faut dire que trop de politique tue la politique et moins de politique tue la politique.

S'il est vrai que trop de politique tue la politique, il reste aussi évident que moins de politique tue la politique. Une politique rationnelle et équilibrée est la norme exigée pour apporter des changements positifs et efficaces à la société. La politique est à la société ce que sont les aliments au corps humain. La sous-alimentation affaiblit l'organisme parce que celui-ci ne reçoit pas tous les nutriments nécessaires pour la vie. La suralimentation crée le dysfonctionnement de certains organismes et des malaises au sein de l'organisme car l'excès des nutriments ne permet pas à l'organisme de fonctionner normalement.

Les régimes politiques qui instaurent une vie politique équilibrée dans la société apportent des solutions efficaces aux problèmes de la société. Trop de démocratie tue la démocratie, moins de démocratie ne conduit évidemment pas à un régime pleinement démocratique. Certains régimes qui ont nui à l'humanité ont soit trop politisé leur société, soit, ont moins politisé leurs sociétés. La politisation à outrance d'une société peut conduire à l'extrémisme ou alors à l'ignorance massive de la population.

1.2. De l'organisation de l'Etat en Afrique

Dans la période post indépendance, les Etats Africains ont connu des crises politiques caractérisées par des luttes internes. Cette situation était un alibi aux dirigeants de l'époque pour justifier l'instauration des régimes dictatoriaux. La dictature rappelons-le, se caractérise par la domination d'un homme, d'un petit groupe d'hommes sur la société. Il faut aussi dire que la dictature c'est l'imposition de la pensée unique. Contrairement au régime dictatorial, le régime démocratique ouvre la voie à plusieurs pensées qui se confrontent et qui, à la fin, laissent triompher la meilleure pensée ou alors celle qui est acceptée par la majorité. Les insuffisances et les limites que présente le mode de gestion dictatoriale font que la société recourt aujourd'hui au régime démocratique.

1.2.1. Le processus de construction de l'Etat démocratique en Afrique

Les pratiques démocratiques en Afrique datent de longtemps, des sociétés traditionnelles. Dans ces sociétés, la démocratie se pratiquait sous forme des rencontres autour d'une table pour chercher des compromis sur les questions cruciales qui divisent la société. Le débat démocratique sur base des dialogues, des concertations mettant ensemble les différents acteurs de la société pour rechercher les solutions aux problèmes qui se posent au sein de la société. Dans les sociétés africaines contemporaines, cette façon de chercher les solutions aux problèmes sociaux a contribué efficacement à la paix et au développement de la société. Nous citons le cas du Bénin avec la conférence nationale, la République Démocratique du Congo avec le dialogue inter congolais. Il y a bien d'autres rencontres qui ont eu lieu en Afrique et qui ont contribué à la paix et au bien-être de la population. Ceci prouve que le dialogue a toujours été au centre du débat démocratique en Afrique. La fin de plusieurs régimes dictatoriaux africains s'est caractérisée par le dialogue, la concertation, pour trouver le compromis au niveau de la société. Il faut alors dire que la démocratie africaine penche vers le débat, le dialogue, la concertation pour trouver des solutions aux problèmes sociétales les plus compliquées.

1.2.2. Le choix de l'Etat décentralisé en Afrique

L'Etat centralisé a montré ses limites dans la recherche des solutions pour le développement de la population locale surtout. L'Etat centralisé ne responsabilise pas les citoyens à la base ; il ne les invite pas à chercher des solutions à leurs problèmes. Dans un Etat centralisé, les citoyens attendent les réponses à leurs problèmes du pouvoir central. La nécessité de promouvoir l'unité nationale pour les uns et pour les autres, l'importance d'installer un pouvoir politique fort ont obligé plusieurs Etats africains à opter pour la forme centralisée du pouvoir. Mais avec le temps, il a été observé que la misère ne cessait de croître dans les villes comme dans les villages africains. C'est alors qu'un vent de la décentralisation a soufflé sur le continent. Les pouvoirs centraux de plusieurs Etats ont décidé de responsabiliser le citoyen à la base. Ils ont accepté de transférer une partie du pouvoir aux entités locales.

Disons que la décentralisation dans son essence est une gestion démocratique du pouvoir, au sens que le pouvoir central reconnaît la libre administration aux entités locales qui ont l'autonomie financière et administrative.

Chapitre 2 :
Les acteurs du pouvoir politique en Afrique

Parler du pouvoir politique en Afrique, c'est faire allusion aux principaux acteurs qui opèrent au sein de la société avec la prétention d'œuvrer pour l'intérêt général de la société et améliorer à partir de leur responsabilité, les conditions de vie de la population de manière générale. Il faut comprendre que ces acteurs changent non seulement sur base du contexte sociopolitique mais aussi sur base de la volonté populaire qui jette son dévolu sur les personnes de l'une ou de l'autre catégorie sociale.

Il est plus question d'analyser dans ce chapitre, les différentes catégories sociales sur qui la population pose son espoir pour apporter le changement et l'amener vers le bien être. Mais avant cela, il est d'abord important de parler du contexte ou de l'environnement du pouvoir politique en Afrique.

2.1. Le contexte et l'environnement du pouvoir politique en Afrique

Le pouvoir politique, que ça soit en Afrique ou ailleurs, est un jeu qui concerne plusieurs acteurs. Que nous soyons dans un Etat unitaire centralisé, dans un Etat unitaire décentralisé ou alors dans un Etat fédéral, le pouvoir politique contemporain reste entre les mains de plusieurs catégories des citoyens chacun à son poste avec des responsabilités qui lui sont bien définies. La distribution des responsabilités peut être verticale ou horizontale. Il faut dire que « dans la vie des institutions, le pouvoir réel est souvent indépendant de la fonction officielle, détenu qu'il est par ceux qui se prévalent d'un talent, d'une compétence ou d'une ancienneté particulière. Il peut également s'accumuler à travers divers réseaux informels constitués au fil de temps entre plusieurs services différents. Trop souvent ceux qui détiennent un tel pouvoir le récusent lorsque cela les arrange et renvoie à la hiérarchie officielle[11].»

Dans l'histoire orale ou écrite de l'organisation ancienne de la société congolaise, la politique ou alors le pouvoir traditionnel placé au centre de ses préoccupations, l'organisation et la gestion de la société qui vise le bien-être de tous. Les sociétés anciennes que nous évoquons, ne sont pas à confondre avec les sociétés actuelles, les sociétés rurales plus précisément. Car ces dernières sont dans une mutation qui les place entre la tradition et la modernité.

Dans les sociétés anciennes, il y avait une division du travail bien défini, bien connu. La société avait à sa tête le roi et ses notables suivis d'autres agents qui, dans les villages, jouaient des rôles importants : les forgerons, les chasseurs, pêcheurs, les sages-femmes, les artisans,... composaient la classe ouvrière et citoyenne. Les villages étaient placés sous l'autorité des chefs coutumiers.

Chaque village, dans plusieurs lieux, avaient un baragne[12] qui jouait plusieurs rôles : lieu des audiences publiques, réfectoire du village, espace de jeu et de formation des jeunes ; le baraza était ce haut lieu très respectueux. Il était le véritable lieu où se débattaient les questions importantes de la petite société

[11] DOBEL, J.P., *Intégrité morale et vie publique*, éditions Nouveaux Horizons, Paris, 2003, p. 15.

[12] Le terme Baraza est Swahili, il signifie le lieu public où se réunisse les membres d'un village pour débattre discutter, échanger partager, se réjouir au quotidien.

villageoise ; il était le lieu de la socialisation par excellence. Le baraza était un espace public où la population et les dirigeants œuvraient pour la paix sociale et le bonheur de tous et cherchaient les solutions aux problèmes qui menaçaient la survie même du village. C'était une assemblée permanente du village mais une assemblée qui n'était composée que des hommes. Le baraza est le lieu où on trouvait solution à tous les problèmes de la vie du village. Les orphelins étaient pris en charge, les personnes vulnérables jouissaient de l'appui de la communauté villageoise, les étrangers étaient accueillis avec toute hospitalité ; ils avaient droit d'accès au réfectoire public; les travaux d'intérêt commun était organisés ensemble et tout le monde y participait sans tergiversation ; tous les enfants avaient droit à une formation pour la vie.

De nos jours, la fonction du baraza est en pleine mutation. Cette institution traditionnelle est désormais entre la tradition et la modernité. Elle est en train de perdre tout son sens à cause de l'entrée en force des idées capitalistes dans les villages. Les villageois qui jadis s'entraidaient et se soutenaient par solidarité et par fraternité sont désormais emballés dans la logique capitaliste où l'argent reste le centre de tout acte posé.

Le mensonge politique et les actions de séduction des ONG nationales et internationales sont à la base de la remise en cause de certaines pratiques traditionnelles positives qui passaient par le baraza. Les ONG de séduction et les politiciens menteurs et corrupteurs ont détruit le sens du travail communautaire, le bien-fondé de la solidarité et de l'entraide locale.

Après la destruction, il fallait remplacer ces structures par d'autres pour éviter de rester dans un vide qui ne favorise que le chaos. L'état actuel de nos sociétés rurales montre qu'elles ne sont ni traditionnelles ni modernes. Elles ont abandonné le réfectoire traditionnel du baraza sans le remplacer par des réfectoires publics modernes pour les vulnérables. Elles ont abandonné la solidarité et l'entraide sans mettre en place des homes de vieillards modernes, des auberges et un système social national efficace.

Rappelons que la vie des sociétés humaines s'améliore sur base du travail, des mesures et décisions qui sont prises et appliquées à l'intérieur de ces sociétés pour apporter un changement ou alors pour améliorer certaines conditions de vie dans la société. Il revient au pouvoir public de prendre des mesures conséquentes, d'élaborer des politiques publiques efficaces pour répondre aux besoins de la population.

2.2. La crise du pouvoir politique en Afrique: à la recherche d'une classe politique modèle[13]

La vie de toute société humaine a toujours été traversée par des crises : politique, économique, culturelle, scientifique, armée, non armée,... Face à toute crise, la société a toujours eu besoin des personnes capables d'apporter des solutions efficaces, durables. La durée d'une crise au sein d'une société est fonction du sens de responsabilité qu'ont les membres de cette société : leur engagement moral, le sens du devoir et la puissance de leur volonté pour sortir la société de la crise.

La complexité organisationnelle des sociétés contemporaines veut que différents acteurs et

---

[13] *Nous nous sommes plus attardés sur le cas de la République Démocratique du Congo.*

différents secteurs de la vie de l'Etat entrent en jeu pour chercher et trouver solution aux problèmes qui rongent l'Etat. Devant la crise multiforme que traverse l'Etat congolais, il faut des réponses multiformes pour apporter une solution efficace aux problèmes qui empêchent les citoyens congolais de vivre dans la paix et la quiétude.

Le comportement des politiciens congolais actuels nous fait penser aux Romains lors de la décadence de l'empire Romain. La classe dirigeante romaine festoyait et dansait pendant que le peuple peinait à boucler la fin du mois. Nous vivons un spectacle de mauvais goût. La classe politique congolaise traverse une période de faillite morale aigue. Il n'y a ni éthique de responsabilité, moins encore celle de la conviction dans le chef de nos dirigeants. Le chef de l'Etat peine à trouver quinze fidèles collaborateurs capables de traduire efficacement sa vision en acte. Pour bien comprendre la crise que traverse l'Etat congolais, nous avons estimé qu'il faut à la fois examiner la dimension structurelle et la dimension conjoncturelle de la crise.

2.2.1. La crise politique structurelle

Toute société humaine est composée de plusieurs structures ou organisations publiques et privées. Le rôle premier de toute structure politique est d'œuvrer pour le bonheur, le bien-être de la population. Les structures privées poursuivent évidemment d'autres objectifs au sein de la société ; elles s'investissent plus dans la promotion des intérêts privés. Il faut dire alors que toute crise qui touche aux structures politiques est un danger pour le bien-être de la population.

La domination et l'usage de la force sont des outils que tout Etat possède pour assurer l'ordre, la protection et le bien-être de tous au sein de la société. En République Démocratique du Congo, la cruauté qui avait caractérisé le régime léopoldien, ce mode de gestion de plus d'un demi-siècle, a laissé l'impression que la gestion de l'Etat moderne ne pouvait se faire que de cette façon-là, avec une violence qui ne dit pas son nom. Malheureusement, cette conception a pris place dans le logiciel mental de quelques congolais et a été adopté comme mode de gestion du pouvoir public par des congolais, une fois le colon parti. Au lieu d'imposer une rupture avec le mode de gestion coloniale de la chose publique qui ne respectait pas les droits des citoyens, la gestion du pouvoir politique postcoloniale a assuré malheureusement la continuité des pratiques coloniales moins recommandables. Cette politique a alimenté au même moment la politique néocolonialiste mise en place par l'ancienne puissance coloniale. Il faut rappeler que « loin de n'être que des complexes politico-économiques, les différents régimes coloniaux furent aussi des complexes de l'inconscient et, souvent, c'est à ce titre qu'ils laissèrent d'indélébiles traces dans l'imaginaire des colonisés[14].» Devant ce fait, le contexte actuel de la République Démocratique du Congo nous invite à instaurer un logiciel mental nouveau qui va faire fonctionner les institutions publiques et privées selon les principes républicains et démocratiques.

2.2.2. Les Crises politiques conjocturelles

La recherche d'une classe politique capable d'organiser et de gérer efficacement, rationnellement la société congolaise est une préoccupation qui se lit

[14] MBEMBE, A., *Sortir de la grande nuit. Essai sur l'Afrique décolonisée*, Paris, éditions la découverte, 2010, p. 91.

dans le comportement de la population congolaise. L'histoire de la République Démocratique du Congo nous enseigne que la population se confie plus à une catégorie, une classe des congolais lorsque le pays traverse une crise qui menace la survie nationale ou alors une crise qui affecte profondément sa vie.

Lors de la crise de 1960, c'est dans les jeunes étudiants que toute la confiance de la population était placée. N'oublions pas que cette période coïncide avec l'estime que l'étudiant Africain avait au niveau du continent dans son engagement pour lutter contre la colonisation. Dans la suite, l'échec de la classe intellectuelle a donné place aux militaires qui ont pris la gestion de l'Etat pendant une longue période. Au déclin des militaires est venu le tour des hommes de l'Eglise, (conférence nationale) et enfin le dernier tour est revenu à la diaspora congolaise. Il faut dire qu'à plusieurs occasions, la population tâtonne et se cherche toujours le groupe capable de lui apporter le salut. Ainsi, nous constatons dans l'histoire de la République Démocratique du Congo, une préférence soit des religieux, soit des militaires, des intellectuels dans la gestion de la chose publique. Ces influences ne sont pas des faits typiquement congolais. Ce sont des faits normaux qui ont eu lieu dans d'autres sociétés humaines. Toutefois, la particularité congolaise tient au fait que tout au long de ces périodes et tenant compte du contexte spécifique, la population congolaise a cru, en des époques différentes que la société pourrait être sauvée tantôt par les universitaires, tantôt par les militaires ou encore les religieux et enfin par la diaspora.

Chaque fois que le pays entrait dans une zone de turbulence politique qui mettait en danger la survie de l'Etat, la population se tournait vers un groupe social qu'elle croyait être capable de trouver des solutions aux problèmes de l'heure. Ainsi, chaque période de la vie sociopolitique congolaise, a ses héros, le groupe social, le secteur social qui a connu de l'estime auprès de la population. Ceci parce que la société a toujours besoin d'un leadership qu'il doit suivre comme exemple. Ce qui fut le cas avec les groupes des universitaires qui entrèrent en politique avec le collège des universitaires, les militaires qui imposèrent un coup d'Etat le 24 novembre 1965, les religieux au début des années 90, la diaspora vers la fin des années 90 et début 2000.

2.2.2.1. Les universitaires, l'élite intellectuelle et la politique

Au court de la période d'avant l'indépendance, les associations estudiantines ont joué un rôle important en Afrique à cause de l'estime que les jeunes intellectuels africains gagnait de la société. En République Démocratique du Congo, l'Union Générale des Etudiants Congolais (UGEC) avait joué un rôle important pendant la période de crise. « Contrairement aux étudiants de l'Afrique de l'Ouest et de l'Afrique Equatoriale Française regroupés au sein de la Fédération des Etudiants d'Afrique Noire en France (FEANF), dès le début des années cinquante, les étudiants congolais se sont intéressés tardivement à la politique, la première université n'ayant ouvert ses portes au Congo qu'en 1954. Certains étudiants ont pris part aux activités du groupe de « Conscience Africaine » en 1957. D'autres ont collaboré avec les rédacteurs de l'hebdomadaire « Congo » en 1957. A l'étranger, les étudiants congolais se sont manifestés en initiant la constitution du Front Commun peu avant la conférence de la Table Ronde politique belgo congolaise à Bruxelles en janvier 1960[15].»

Au début des années 90, avec le vent de la démocratisation en Afrique, les jeunes étudiants ont repris encore la confiance auprès de la population. Leur engagement en politique s'explique par l'estime et la confiance qu'ils ont gagnées auprès de la population à cause de leur bravoure pour dire non aux dictatures ou pour combattre les régimes totalitaires. Dans le pays comme la Coté d'Ivoire, nous nous rappelons du rôle joué par la FESCI (Fédération estudiantine et scolaire de Côte d'Ivoire) de Guillaume Soro et de Charles Blé Goudé. Vers la fin des années 90, les organisations estudiantines avaient gagné plus de confiance auprès de la population en République Démocratique du Congo et en Afrique.

Ceci explique aussi la présence massive des professeurs d'université dans le monde politique de plusieurs pays africains. Des professeurs à cheval entre la chaire universitaire et la politique. Comme conséquence, en lieu et place de produire de la science pure à l'université, ils produisent une science politisée. Comment peut-on espérer construire une république démocratique avec une science qui s'inscrit sur les lignes de pensées politiques partisanes ? Voilà un autre défi majeur qui se présente comme une pesanteur pour le développement de nos sociétés.

2.2.2.2. Le militaire et la politique

La militarisation de la politique congolaise est une réalité qui remonte à l'époque coloniale. Le régime léopoldien était un régime militaire qu'imposait sa

---

[15] MUTAMBA MAKOMBO, *Histoire du Congo par les textes, Tome III*, Kinshasa, éditions universitaires africaines, 2008, p. 128.

volonté par la force militaire. A plusieurs occasions, les choix opéré par le régime de Léopold II était plus militaire que politique. Face aux différentes résistances qui ont vu jour au Congo Belge, le Roi Léopold a préféré plus l'usage de la force militaire que la négociation pour chercher une sortie pacifique à la crise. Il faut reconnaître que le régime colonial était comparable à un état de guerre permanant[16].

L'usage atroce des forces militaires avant l'indépendance a eu des répercussions sur les politiciens postcoloniaux qui étaient des produits de la logique léopoldien. C'est un militaire, le général Mobutu qui a pris le pouvoir après la crise politique qui a déchiré la République Démocratique du Congo après l'indépendance. Le régime de Mobutu était plus caractérisé par l'imposition de la force que par une gestion démocratique qui offre liberté et égalité aux citoyens au sein d'un Etat. Mobutu avait imposé une politisation à outrance de la société congolaise avec le fameux slogan, « Olinga Olinga te Ozali na MPR. »

En 1997, Laurent Désiré Kabila est venu mettre fin au régime du Maréchal Mobutu. A la mort du Président Laurent Désiré Kabila, c'est un général qui prend les commandes de la République Démocratique du Congo, le Général Joseph Kabila, bien qu'il s'est retiré de l'armée avant les élections de 2006. Dans la suite, pour trouver une solution à la crise armée qui déchirait le pays, la période de transition en République Démocratique du Congo était gérée par les chefs rebelles.

La présence quasi permanente des militaires dans l'espace politique congolaise, l'existence de plusieurs milices armées sont des obstacles majeurs au

[16] MBEMBE, A., *op. cit.*, p. 91

développement du pays. Il faut des efforts considérables pour pacifier tout le pays. Il faut non seulement œuvrer pour la démilitarisation de la société congolaise mais aussi ***démilicialiser*** la politique et par ce fait la société. Cette tache évidemment n'est pas facile à voir ce qui a eu lieu en Colombie, en Espagne, en Irlande où la population a passé des décennies entières sous les effets de la militarisation à outrance de la société.

Après avoir été déçue par l'élite intellectuelle et les militaires, la population s'est plus confiée aux religieux. Au début des années 90, les religieux ont été plus préférés que d'autres catégories sociales.

2.2.2.3. Les religieux et la politique

Tout au long des années 90, nous l'avons déjà dit, les religieux étaient plus sollicités par la population pour se charger des affaires politiques. C'est ainsi que les directions des conférences nationales en Afrique se voient plus confier aux hommes de Dieu. Rappelons que lors des premières années de la vie politique en République Démocratique du Congo, la présence des religieux aux affaires politiques n'était pas une règle de jeu. Au début des années 90, les religieux ont commencé à prendre part active à la gestion des affaires politiques. Nous avons vu tour à tour : Mgr Monsengwo, Mgr Marini Bodo, Abbé Malu Malu, Pasteur Ngoy Mulunda, Pasteur Mugalu, Mgr Kuye Ndondo wa Mulemerha.

Face à la crise des valeurs, qui ne cessait de caractériser les hommes politiques, la population a cru que les hommes de Dieu pouvaient faire mieux que les hommes politiques. Ainsi, les Evêques, Prêtres, les Pasteurs ont afflué en politique, les uns pour briguer un poste politique, les autres pour entre en compétition lors des élections. Mais dans la vie politique, il ne suffit pas seulement d'avoir de la moralité, il faut avoir de l'expertise. En plus, dans une société qui est en train de prendre conscience de l'importance de la bonne gestion de la chose publique, les religieux ne sont vraiment pas des modèles incontournables en matière de bonne gouvernance. Ils ne sont pas les dépositaires absolus des valeurs. Aussi, il faut dire que la sociologie de la religion n'est pas la sociologie politique.

2.2.2.4. La diaspora africaine et la politique

Vers la fin du régime dictatorial du Maréchal Mobutu, devant la crise qui caractérisait la société congolaise, après s'être confié aux religieux, la population congolaise n'a pas hésité de jeter son dévolu sur la diaspora congolaise. L'entrée de Mzee Laurent Désiré Kabila a favorisé le retour massif de la diaspora. Lui-même membre de la diaspora, le premier gouvernement de Mzee était celui de la diaspora. Cette réalité a alimenté l'imaginaire de la population pour faire croire aux gens que pour arriver rapidement au pouvoir sous le régime de Mzee Laurent Désiré Kabila, il fallait faire la politique depuis l'étranger. Les congolais de la diaspora ont ainsi cherché à tout prix à accéder au pouvoir ; les uns en rentrant directement à Kinshasa, les autres en rejoignant les rébellions qui s'étaient formées à l'Est et au Nord du pays. C'est à cette même période que voit jour le phénomène combattant (jeunes agressifs, opposants au régime en place basé en occident). A nos jours, la diaspora est désormais nourrie de l'idée de jouer un rôle important sur la scène politique congolaise. Bien que déboussolé, déconnecté des réalités qui se passent à Kasumbalesa, à Popokabaka ou à Kasongo par exemple, les membres de la diaspora ne jurent qu'à rentrer au pays pour y jouer un rôle politique.

2.2.2.5. Les entrepreneurs économiques, les chefs d'entreprises et la politique

En République Démocratique du Congo comme dans d'autres pays africains, quelques citoyens ont réussi avoir une bonne base dans le domaine économique et commercial. Ces personnes devraient normalement travailler pour chercher de nouvelles opportunités et accroître leurs capacités de travail dans leur domaine respectif. Malheureusement, la plupart d'entre eux croient qu'il faut abandonner les affaires économiques pour la politique où il y a gain facile et argent facile. C'est à cause de cet argent facile gagné en politique, au gouvernement et au parlement, que les personnes placées dans d'autres services de l'administration abandonnent leurs métiers pour aller là où on travaille moins et on gagne plus.

Les entreprises publiques sont des lieux où les chefs doivent réfléchir au jour le jour sur la survie de l'entreprise, sur sa capacité de tenir le coup face aux vents et marrais de la mondialisation. Les chefs d'entreprises, sous d'autres cieux, sont des personnes qui réfléchissent au jour le jour pour la survie des entreprises placées sous leur gestion. De 1960 à nos jours, l'espace entrepreneurial congolais est caractérisé par une triste politisation. Sous le régime Mobutu, la nomination des chefs d'entreprise était caractérisée par le niveau élevé de fidélité qu'on avait au guide. Les compétences et le savoir-faire n'étaient pas des critères de base. Les régimes de Mzee Kabila et de Joseph Kabila n'ont pas réussi à dépolitiser la nomination des chefs d'entreprise.

Les entreprises publiques, en cette période de la globalisation, sont des structures qui ont grandement besoin d'une intelligence institutionnelle capable d'apporter des solutions appropriées aux problèmes de compétitivité, de production, de vente et de service. Dans le contexte congolais, les entreprises publiques sont des lieux de la médiocrité. Il suffit de faire un tour dans les réceptions pour se rendre compte de l'incompétence et de l'ignorance qui y habitent.

L'allié fidèle des entreprises publiques devait, à notre avis, être le monde scientifique. En lieu et place d'inféoder les entreprises à la politique, il fallait chercher et privilégier l'inféodation des entreprises publiques à la science, aux systèmes éducatifs pour que le travail des entreprises soit fondé sur la rationalité, les compétences, l'innovation, la créativité. La politisation des entreprises publiques a conduit au pillage systématique des biens de l'Etat par les gestionnaires clients du pouvoir public. L'un des effets négatifs immédiats produit du clientélisme et de l'incompétence qui caractérise la gestion des entreprises publiques est bien entendu la prise à la légère des études par les jeunes. A partir du moment où les critères de sélection dans les entreprises publiques ne sont pas pris au sérieux et ne se fondent pas sur la rigueur, dès lors que la corruption, le tribalisme, le clientélisme caractérisent la gestion des entreprises, les candidats aux différents postes de ces structures publiques ne valoriseront plus les compétences acquises à l'école, à l'université.

Chapitre 3 :
De la promotion des valeurs démocratiques, républicaines et de la mise en place des institutions publiques rationnelles.

Les modes de gestion du pouvoir public, la définition consensuelle du destin commun au sein d'une société est une préoccupation majeure qui concerne tous les Etats modernes et mobilise les populations au niveau local et national. Ces préoccupations si elles sont mal gérées conduisent à des conflits ou alors à la cristallisation identitaire qui peut avoir des avantages ou inconvénients dans la vie de l'Etat.

Dans une République, la chose publique ne doit pas être gérée selon les enjeux des identités ethniques. Cela ne profite pas à toute la population qui nécessite la protection républicaine et qui doit être soutenue sans s'appuyer sur une identité tribale, ethnique, religieuse. Le rôle de la République est d'instaurer une gestion républicaine et démocratique du pouvoir qui demande de dépasser des appartenances identitaires. Une gestion de l'espace public qui permet à tous les citoyens de bénéficier d'un traitement égal au sein de la République.

Dans la vie des Etats modernes, affirme Alain Touraine[17], il n'y pas de démocratie sans la conscience d'appartenance à une collectivité politique. L'appartenance politique, poursuit-il, ne peut pas se confondre avec l'appartenance d'un soldat à l'armée ou

---

[17] TOURAINE, A. *¿ Qué es la démocracia ?* Collection Ensayo, Madrid, 1994, p. 4.

l'appartenance d'un ouvrier de Toyota à son entreprise. La démocratie se fonde sur la responsabilité des citoyens d'un pays. Si les citoyens ne se sentent pas responsables du gouvernement, pourquoi alors exercer un pouvoir dans un territoire qui apparaît artificiel ou étrange ? La responsabilité d'une République Démocratique est celle de n'est pas privilégier certaines identités au détriment d'autres, d'un côté. De l'autre, il est important de faire de sorte que les citoyens vivant au sein de la République aient la conscience d'appartenir à un espace public commun.

3.1. De la promotion des valeurs républicaines et démocratiques

Le processus d'effondrement de l'Etat congolais s'est caractérisé par la perte de certaines valeurs républicaines d'un côté et la désintégration du pouvoir public de l'autre. Aux débuts des années 80, le débat autour du mal zaïrois a vu jour au sein de la société congolaise, zaïroise à l'époque. L'interpellation de l'Eglise catholique, la dissidence de dix-huit parlementaires au sein du MPR, parti Etat, dénonçant la dérive du pouvoir. Plus tard, le pouvoir lui-même reconnaissait le mal qui s'installait dans la société dans une analyse autocritique. Le point commun de toutes les critiques confirmait la perte de valeurs dans le chef des dirigeants politiques de l'époque, la présence des antivaleurs comme on les appelait dans la vie politique. Ce mal dénoncé dès le début des années 80 a conduit à une longue crise et l'effondrement même de l'Etat. Presque 30 ans après le lancement du débat autour des antivaleurs, des hommes qui président à la destinée de l'Etat, le résultat de nos enquêtes ont révélé que la population continue à voir en ce mal un obstacle majeur au processus de construction de l'Etat congolais. Il y a manque de confiance de la population en la classe politique à cause de la corruption qui la caractérise. Face à cette crise de confiance, il est important de prendre au sérieux cette question et chercher des solutions adéquates le plus rapidement possible car sans une base solide des valeurs, et surtout des valeurs républicaines, il ne sera pas possible d'atteindre l'objectif assigné, celui de construire dans l'espace congolais actuel une république démocratique.

La perte des valeurs dans une société est un grand mal qui mérite des remèdes appropriés car ce mal a parfois été considéré comme le début de la fin pour chaque société humaine organisée. L'histoire nous renseigne que toute société qui n'a pas voulu ouvrir la voie à sa disparition s'est efforcée de renouveler ses valeurs ou alors s'est dotée de nouvelles valeurs qui l'ont aidée à survivre. Pour le cas spécifique de la République Démocratique du Congo que nous traitons, il faut à la fois une volonté politique puissante, une formation continue et des sanctions judiciaires exemplaires pour combattre et finir avec les antivaleurs qui menacent le processus de construction de la République. Ces efforts obligent au citoyen d'avoir des bases morales et humaines solides, une foi commune qui s'impose sur la force intérieure et extérieure des citoyens[18].

Il faut une politique volontariste capable de former des citoyens républicains d'une manière continue et de renforcer la volonté de vivre ensemble. L'histoire de la République Démocratique du Congo renseigne que le

---

[18] REMOND, R., *Armée et nation*, Editions Arthème Fayard, Paris, 1960, p. 19.

citoyen congolais est animé de la volonté de vivre ensemble. La crise politique des années soixante et celle de fin des années nonante et début deux mille ont été résolues à la surprise générale de tout le monde.

Ces deux descentes aux enfers de la République Démocratique du Congo se justifient par la crise des valeurs de la classe politique. D'où alors, il faut interpeller cette classe et faire de sorte qu'elle prenne conscience de sa responsabilité pour défendre l'intérêt national. Il faut que les politiciens s'attèlent à défendre l'intérêt national partout et en tout. Le problème de l'irresponsabilité de la classe politique doit éveiller la conscience des citoyens et faire comprendre à celui-ci qu'il ne faut donner les mandats publics à une personne que lorsqu' « ils ont la conviction que les responsables élus sauront discipliner leurs désirs, leurs préjudices et leurs intérêts personnels et concentrer leur attention sur les seules obligations de leur charge[19] ». Ceci veut dire qu'un responsable public doit être considéré comme un serviteur au sein du pouvoir public. Dans un monde en pleine mutation, dans une société en plein changement, fonder la vie des citoyens sur des valeurs sures telles que le travail, la créativité, la solidarité et l'éducation devient urgent.

3.1.1. Le travail

Dans une société qui a un sens élevé du travail, les vingt-quatre heures de la journée sont subdivisées de manière suivant :

---

[19] DOBEL, P., *op. cit.*, p. 8.

Huit heures de travail

Si nous observons l'horaire de travail dans l'administration publique, l'horaire de travail dans les entreprises privées, tout tourne autour d'un programme de huit heures de travail. Il faut dire que dans les sociétés en développement, le sous-développement de secteur de vie s'explique aussi par le non-respect de l'horaire du travail, disons, l'on travaille moins que prévu. Pour cela, il nous faut savoir faire une différence entre 8 heures au travail et huit heures de travail. Il ne suffit pas d'être à son poste de travail à l'heure et de répartir à l'heure. Il faut effectivement travailler pendant huit heures. S'il se fait qu'il n'y a pas de travail, il faut profiter du temps libre pour se former, pour enrichir ses connaissances. Dans plusieurs bureaux de la fonction publique en Afrique, le temps libre est un temps pour écouter la musique à l'ordinateur, pour jouer aux cartes,... bien que ce temps précieux pourrait être utilisé pour renforcer les connaissances en informatique ou simplement à la lecture d'un livre important, d'une revue.

Huit heures pour dormir

Le sommeil aide et favorise la reconstitution de l'organisme. Il est important d'observer et de respecter le nombre d'heures de sommeil pour la reconstitution de l'organisme. Il y a de ces personnes qui ne dorment que pendant cinq heures à titre d'exemple. Ces personnes doivent observer un régime alimentaire conséquent et équilibré pour que leur santé ne soit pas négativement affectée.Savoir se reposer, savoir écouter son corps est un principe clé pour le bien être de toute personne. Ce qu'il faut éviter est de confondre le repos et la paresse. Des personnes paresseuses ont tendance à vouloir justifier leur paresse par le droit de repos. Une personne normale ne peut pas dormir pendant 10 heures par jour sauf dans des cas où la personne a largement dépassé les huit heures de travail les jours antérieurs et pour cela, il a un vrai besoin de compenser les heures de sommeil perdues lors du travail prolongé.

Huit heures pour se préparer et pour les activités diverses

Dans la vie, il n'y a pas que le travail et le sommeil. Il y a d'autres activités importantes qui nous aident à grandir ou alors qui nous préparent à bien travailler. Chaque jour nous avons besoin d'un temps pour manger, un temps pour s'occuper de notre corps, s'occuper de notre famille, voir les amis, un temps pour le sport,... Au cours d'une journée normale ces activités doivent avoir lieu dans cette troisième tranche de huit heures.

Le sens organisationnel d'une personne, d'une société se révèle à travers l'organisation des activités journalières en ces trois grands blocs du temps. Pour que tout travailleur produise un bon résultat, il lui faut une organisation équilibrée de 24 heures qui composent le jour. Il faut savoir qu'il y a des heures pour travailler, il y a des heures pour dormir et enfin il y a des heures pour les activités diverses. Il faut faire chaque chose à son temps.

3.1.2. La créativité

La créativité c'est la capacité à trouver des solutions originales aux problèmes qui nous préoccupent. Dans notre vie de chaque jour, nous faisons face aux problèmes et d'habitude, ces problèmes semblent être les mêmes ou alors ils sont identiques à ceux qu'ont connu d'autres personnes. Quelle que soit la similitude qu'ont certains problèmes, le contexte, les acteurs n'ont jamais été les mêmes. Et dont, il n'y a pas des problèmes identiques car le monde dans lequel nous vivons est toujours en perpétuelle mutation. La créativité veut qu'à chaque problème soit proposé une solution originale. Pour faire développer nos sociétés, nous avons grandement besoin des personnes qui exploitent à fond leur esprit créatif. La misère, le chômage, dans nos sociétés s'expliquent aussi par l'absence de l'esprit créatif dans la vie de nos populations. L'expérience n'est pas la science ! Evidemment, la science a besoin de l'expérience pour se consolider et pour présenter des résultats les plus efficaces et consistants. Dans notre société malheureusement, ceux qui ont de l'expérience le considèrent comme vérités immuables et absolues. Ce mal envahit même les milieux universitaires en Afrique. Les vieilles personnes se considèrent comme détenteur des connaissances absolues et les jeunes ne peuvent en aucun cas remettre en cause leurs arguments. Compris dans ce sens, les connaissances qui circulent dans la société deviennent dogmatiques. Il faut promouvoir la créativité pour lutter contre les vieilles connaissances qui gangrènent nos sociétés. Il faut apprendre à faire les choses autrement, il faut sortir du sentier bâti. La créativité scientifique oblige que le chercheur soit libre et humble dans son travail.

3.1.3. La tolérance et la compréhension

Les idées qui circulent dans un monde global sont sectorielles et plurielles. A côté des idées émanant de notre domaine scientifique, il y a les idées des autres disciplines. A côté des dogmes de notre religion, il y a les dogmes d'autres religions, à cote de nos préférences culinaires, musicales, il y a d'autres préférences culinaires et musicales qu'il faut respecter. Dans un monde aussi diversifié que celui où nous vivons, il faut apprendre à nos enfants à cultiver la tolérance et la compréhension.

Pour bien s'en sortir et asseoir l'esprit de tolérance et de compréhension, il faut d'abord que chaque personne connaisse bien sa culture pour la situer par rapport aux autres. Dans la suite, il faut avoir le courage de reconnaître les forces et les faiblesses que peut avoir sa propre culture. Ainsi, être africain, congolais c'est d'abord reconnaître la culture africaine, congolaise : musique, cuisine, religion et reconnaître qu'il doit y avoir à tout prix des forces et des faiblesses dans cette culture.

3.1.4. La solidarité

Dans un entretien que j'avais eu un jour avec une collègue Russe, elle m'avait reproché le recours continu à la solidarité comme valeur sociale. Pour elle, cette valeur tant vantée par les sociétés africaines avait moins de place dans la société Russe car, disait-elle, dans le monde Russe actuel, c'est la compétitivité qui est une valeur importante. Cet entretien de quelques minutes m'avait permis de refaire ma compréhension du monde africain.

En cette période de la globalisation, il faut bien repenser la solidarité dans nos sociétés. Les hommes, les entreprises sont toujours en compétition, ils nécessitent tous de la créativité. Le monde global étant alors un monde où ses acteurs sont en compétition, il faut repenser la solidarité africaine. Il faut privilégier une solidarité productive et éviter une solidarité improductive qui encourage la paresse.

La solidarité évoquée ici doit aller dans le sens de l'implication de tous dans le travail et de la complémentarité qu'exige la vie sociale. La solidarité doit être dans la mesure du possible, un rendez-vous du donner et du recevoir. Il ne doit pas être réduit à un espace de charité où les uns sont ceux qui tendent les mains et les autres ceux qui donnent.

La question de solidarité nous oblige d'examiner dans le contexte congolais la question de l'évolution démographique rationnelle. Il ne faut pas laisser la population se reproduire dans l'espoir de compter sur une solidarité sociale. Il faut demander à cette population de se reproduire sur base des capacités et moyens dont chacun dispose pour assurer le bien-être aux enfants. La question démographique a suscité plusieurs débats au sein de l'humanité. Certains groupes et certaines sociétés ont même opté pour le célibat dans le but d'assurer l'efficacité du travail. Les autres, par contre, le cas de la Chine, ont choisi les naissances contrôlées. Dans tous les débats sur les liens existant entre le développement d'une société et sa croissance démographique, le contrôle rationnel des naissances a toujours conduit au bien-être de la société.

3.1.5. L'éducation

Une bonne éducation permet à tout être humain d'accéder à un ordre matériel, un ordre moral et un ordre spirituel supérieur. Une bonne éducation permet à chacun de nous de faire librement ses choix. Décider si l'on veut vivre avec le moyen matériel minimum possible ou alors, vivre dans une opulence matérielle. L'essentiel dans tout ceci est que son mode de vie ne soit une charge ou un poids pour les autres. Que celui qui opte pour un minimum possible n'impose pas aux autres de travailler pour lui, que sa misère ne soit pas une charge que d'autres doivent supporter. Dans d'autres cas, que celui qui opte pour une opulence ne fasse travailler les autres comme des vassaux afin que lui vive dans l'aisance. L'éducation est le seul moyen capable de doter les citoyens des capacités nécessaires pour qu'ils s'assument en société et qu'ils aient un bon sens devant des réalités comme celle-là.

La globalisation est un fait réel qui s'impose au jour le jour dans la vie de nos sociétés. Que nous le voulions ou pas, que nous le sachions ou non, le monde est en train de devenir un village global. On peut naître dans la forêt du Maniema pour aller travailler dans une entreprise Américaine, Asiatique ou Chinoise. On peut faire ses études primaires dans la forêt de Mayombe pour aller finir ses études universitaires à Washington, Londres ou Paris. On peut commencer ses études à Bruxelles pour passer le reste de sa vie à Kinzau-Vuete. Le monde bouge, le monde change. Dans ce mouvement et cette dynamique à la fois locale et globale, il y a des gagnants et des perdants. Alors qu'est-ce qu'il nous faut faire ?

Il faut se préparer, s'armer pour faire face à cette réalité de la vie qui ne donne certitude à personne, cette nouvelle réalité qui peut être aussi considérée comme une opportunité pour tout le monde. Pour bien tenir la vie dans le monde global, il faut à la fois bien s'armer des valeurs, observer des principes, bref avoir une bonne base éducative.

3.2. De la mise en place des institutions publiques rationelles

Chaque peuple a les institutions, les dirigeants qu'il mérite, dit-on. Aussi, chaque démocratie est un reflet du savoir-faire, du savoir vivre et du savoir être du peuple concerné, affirme-t-on. La démocratie congolaise est entrain de suivre son court qui ne sera ni imposé par le pouvoir en place moins encore par l'opposition. Le peuple congolais, à voir les choses de prêt, ne veut ni être esclave du pouvoir en place, moins encore de l'opposition.

3.2.1. Des institutions démocratiques, décentralisées plus efficaces

Pendant les moments cruciaux de l'histoire de tout pays, le peuple sait toujours choisir son camp. Il faut comprendre ici que toute autorité vient du Peuple. C'est lui le souverain primaire, c'est lui qui donne et qui retire sa confiance aux dirigeants politiques tant du niveau national, provincial que local. Un peuple qui a déjà une idée claire de là où elle va, cherche toujours à instaurer la démocratie à tous les niveaux et dans tous les secteurs. Les processus démocratiques du continent africain d'aujourd'hui sont des contrats sociaux signés entre le peuple et ses dirigeants. Ce n'est pas une volonté divine ou une prédestination divine qui est à la base de ce processus. Saint Augustin ne disait-il pas que « Dieu qui nous a créé sans nous a besoin de nous pour nous sauver. » Dieu a créé l'homme libre et intelligent, c'est à l'homme d'organiser sa vie, la société et toutes les activités nécessaires à son développement sans attendre que Dieu vienne le faire à sa place. On ne naît pas dirigeant politique, on le devient par volonté populaire.

Pour réussir à mettre en place des institutions solides au sein d'un espace politique, il faut des autorités rationnelles, qui ont une vision claire sur l'avenir de leur société. Une des faiblesses majeures de la vie politique en Afrique en général et République Démocratique du Congo en particulier se trouve dans le choix des dirigeants et collaborateurs politiques. Il faut améliorer les capacités d'analyse des congolais pour leur permettre de faire des choix rationnels des dirigeants ou des collaborateurs. Dans la plupart de cas, les choix des dirigeants, des collaborateurs est encore irrationnel et donc sentimental à cause de la peur ou de l'ignorance :

- Il faut dire que l'ignorance caractérise le choix des dirigeants par les dirigés surtout sur lors des élections qu'elles soient locales, provinciales ou nationales. Il est important que les dirigés comprennent le niveau des responsabilités qui attendent les élus et qu'ils voient le profil du candidat correspondant au poste sollicité. Il faut pour cela former la population pour qu'elle sache mettre son sentiment à l'épreuve. C'est plus le sentiment tribalo ethnique qui anime les esprits des électeurs, et donc des dirigés. Le terme tribalo ethnique est utilisé ici dans son sens à la fois traditionnel et moderne. Par sens traditionnel, je fais allusion aux tribus et ethnies anciennes (Balubakat, Ngbandi, Bembe, Mbata, Binja...) et par sens moderne je fais allusion aux Eglises, groupes occultes, associations,...

- Pour ce qui est de la peur, disons qu'il y a des dirigeants qui évitent avoir comme collaborateurs les personnes compétentes, par peur d'être contredit, ou alors par peur d'être trahi. Mais il y a aussi la volonté de dominer qui explique que certains dirigeants du pouvoir public africain choisissent des collaborateurs incompétents. Ainsi, dans l'administration publique et au sein des cabinets politiques, des choix sentimentaux et donc irrationnels caractérisent parfois le comportement de plusieurs dirigeants du pouvoir public.

Les institutions publiques qu'elles soient du niveau national ou local, doivent être consolidé et non affaiblies comme nous le constatons souvent dans nos sociétés. Comment est-il possible qu'un individu, Président de la République, Premier Ministre, Ministre, Député, Président du Parlement, Président du Sénat, Directeur Général d'une entreprise, Gouverneur ou n'importe quelle type d'autorité, comment est-il possible disais-je qu'une personne soit capable de construire, une école, un hôpital, là où l'Etat, la province ou alors l'entité locale sont incapable de le faire ?

Il faut que la classe politique africaine en générale et congolaise en particulier prenne conscience de l'importance de consolider le rôle des institutions publiques. Que les politiciens soutiennent l'Etat, les entités décentralisées afin que les différentes réalisations qui bénéficient à la population passent par ces institutions. Il est inconcevable qu'une personne fasse un don à l'Etat, à la province alors que cette personne est fonctionnaire ou agent payé par l'Etat ou la province ? Ce paradoxe d'hommes forts face aux institutions faibles, nous devons le bannir si nous voulons que nos sociétés aillent de l'avant.

Nous devons laisser le processus de construction de l'Etat suivre son court normal. Les activités et les actions des acteurs politiques locaux, provinciaux et nationaux doivent guider dans l'ensemble la voie du processus démocratique. Il est question ici de privilégier des actions, de promouvoir des volontés combinées pour les inscrire dans le plan directeur commun qui posent les bases de la république démocratique.

Il faut instaurer une vraie culture de savoir pensée au sein de la société. Savoir pensée et pensée librement. Il est déconcertant de voir des conférences, des séminaires, des rencontres scientifiques placés, à tort ou à raison, sous le haut patronage du président de la République, du Premier Ministre ou du Ministre. Ceci non pas parce qu'il y a un vrai partenariat entre le monde scientifique et ces institutions mais dans la plupart des cas parce qu'il y a un clientélisme politique qui a élu domicile même dans le domaine scientifique. La science, pour qu'elle rende efficacement service à la société, doit être apolitique. Pour réfléchir, les scientifiques ne doivent pas attendre l'autorisation du politique ; ils n'ont même pas besoin que le ministre leur donne la permission ou encore qu'il avalise leur démarche. Pour construire une nouvelle mentalité au sein de notre société, il faut de nouvelles idées dans tous les domaines sans interférence politique.

3.2.2. Oui au sacré rationnel du pouvoir politique et non à sa mystification

Le monde dans lequel nous vivons est en pleine mutation. Nous sommes dans une période de la désacralisation du sacré. Le changement est en train de s'opérer sous nos yeux sans que nous soyons parfois capables de voir et de comprendre ce qui se passe. La démystification du colonialisme a conduit à la décolonisation. La démystification de Mobutu a conduit à la chute de la dictature. La désacralisation progressive de la Papauté en Europe à obliger le tenant de ce pouvoir religieux à reconnaître que le Pape n'est pas infaillible. Benoît XVI a eu même le courage de démissionner pour remettre ainsi en cause le principe affirmant qu'on est Pape à vie. Le siège de Pierre est entrain de connaitre des profondes transformations, des réformes sans précédents, ceci pour répondre aux exigences du moment.

Les démissions des rois qui ont eu lieu en Hollande, en Espagne et en Belgique en 2013 confirment la thèse de la démystification du pouvoir héréditaire à notre temps. Il faut dire évidemment que le pouvoir politique a plus besoin de la rationalité. Malheureusement, les chefs coutumiers continuent à s'entêter chez nous. Ils continuent à mystifier leur pouvoir, à se considérer comme des personnes sacrées alors qu'il n'y a rien de mystique sur cette terre des hommes. Ce sont des hommes qui font qu'une réalité soit mystique, sacrée ou non. Derrière toutes les mystifications, il y a des intérêts politiques, économiques, culturels qui sont en jeu. Si le pouvoir à la fois sacré et mystique comme celui du Pape est en train de se réinventer, pourquoi chez nous en République Démocratique du Congo, devons-nous continuer de parler du pouvoir traditionnel ou pouvoir politique mystique et sacré ?

Disons que, dans le contexte actuel du pays, le processus de décentralisation peut favoriser la démystification rapide du pouvoir politique, la désacralisation des autorités traditionnelles surtout. Dans tous les cas, il faut alors privilégier la sacralisation rationnelle du pouvoir qui favorise la liberté et l'égalité. Plus un pouvoir est centralisé, plus il est totalitaire et non démocratique. Plus un pouvoir est décentralisé plus il favorise la liberté, la démocratie et l'égalité. Le pouvoir central doit accepter de ne plus se considérer comme un pouvoir providentiel mais comme un pouvoir régulateur.

Il est important, voire urgent que chaque citoyen ait la conscience de son rôle au sein de la société. S'il faut comparer la République Démocratique du Congo à un puzzle, chaque citoyen est une pièce dans ce puzzle et il a un rôle à jouer. Ce rôle connecté aux rôles joués par d'autres citoyens, constitue une contribution parmi tant d'autres pour le fonctionnement de la société. Chaque citoyen est appelé à vivre et à agir de manière consciente au sein de sa société.

Qu'est-ce qu'être conscient pour un citoyen ? Pour Joseph Ki-Zerbo, être conscient c'est savoir diriger son existence vers telle ou telle fin, c'est disposer d'un modèle de son monde[20]. L'Africain en général et le Congolais en particulier doivent construire son avenir de façon consciente sur base des données traditionnelles qui sont de plus en plus moins maîtrisées à nos jours et les données d'origine européennes qui, dès le départ, étaient mal présentées.

---

[20] KAMBAYI BWATSHA, J., *Essai sur l'histoire et la con science de l'historien*, éditions MédiasPaul, Kinshasa, 2008, p. 102.

Il y a le réel besoin de mettre en place un nouveau logiciel mental, une nouvelle programmation citoyenne qui aidera chacun à mieux penser sa société.

Pour mettre en place une société compétente, il faut mettre un programme de formation qui va toucher le subconscient de chaque citoyen et y installer un nouveau programme que nous estimons être capable de contribuer à la transformation de notre société. La programmation dogmatique du subconscient est une pratique faite par les milieux religieux. Voilà pourquoi les religions prospèrent et sont plus appuyés par l'extérieur. Dans le processus de développement de notre société et surtout en matière de développement axé sur la décentralisation, nous devons mettre en place des institutions rationnelles qui vont œuvrer pour le bien-être de la population à tous les niveaux.

3.2.3. Apprendre à passer de l'intelligence théorique à l'intelligence pratique

Parmi les caractéristiques décriées dans la société africaine en général et congolaise en particulier, il y a l'attachement aux connaissances théoriques. Etre intelligent en Afrique, en République Démocratique du Congo, c'est avoir la capacité de bien présenter une théorie, de bien parler, de savoir convaincre l'autre. La pratique importe peu. Et donc, il faut dire que l'on se soucie moins de la mise en pratique des connaissances. Dans le même ordre d'idée, il faut aussi dire que plusieurs personnes se contente des connaissances anciennes, des expériences anciennes et acceptent rarement et difficilement expérimenter les nouvelles connaissances et voir les résultats qu'elles peuvent donner.

De ce point de vue, le grand défi de notre société aujourd'hui est celui de savoir rompre avec cet état d'attachement aux connaissances anciennes gravées dans notre logiciel mental, pour installer un nouveau logiciel qui nous aidera à changer le contexte de notre vie. C'est à travers l'éducation, un bon système éducatif que nous pourrons facilement installer le nouveau logiciel mental au sein de notre société. Le contenu de ce logiciel, c'est à nous de le définir. Nous devons investir dans l'éducation, il faut qu'elle soit une priorité des priorités. Le vrai changement n'arrive dans la vie d'une personne, d'une société qu'au moment où l'intelligence théorique se transforme en intelligence pratique.

L'intelligence pratique a ses exigences. Elle est dynamique, elle veut une remise en cause continue. La personne doit apprendre à se remettre en cause et la société dans la suite doit savoir aussi se remettre en cause. Il faut apprendre à entrer en conflit avec soi-même et avec les autres pour parfois se mettre à jour. La mise à jour continue est d'une importance capitale dans la vie de toute personne qui se veut actif et dynamique. Il faut que notre société cesse d'être le bastion des discours bien élaborés pour se transformer en bastion des actions bien réfléchies.

Sortir de l'intelligence théorique pour entrer dans une intelligence pratique veut aussi dire qu'il ne faut rien faire par hasard. Il faut être conscient de tous les actes que l'on pose. Il faut avoir le courage de se poser la question sur ce que l'on mange. Pourquoi manger toujours les mêmes aliments ? Est-ce que nous savons les avantages et conséquences de notre régime alimentaire ? Pourquoi prenons-nous telle ou telle boisson ? A partir du moment où nous serons capable de nous poser la question « pourquoi » face à chaque acte que nous posons, nous initierons une nouvelle vie qui ne sera plus inconsciente mais alors consciente. Ce qui nous permettra de sortir de la grande nuit pour aller vers un état de conscience permanente. Il faut que la population congolaise adopte un comportement rationnel et scientifique dans sa vie quotidienne. Que les hommes et les femmes aient un niveau minimum requis en science et en technologie pour transformer notre société en un lieu où il fait beau vivre.

3.2.4. De l'émergence d'une intelligence sociale et institutionnelle

Après la théorie de la survie du plus apte, nous sommes dans une ère où la survie du plus intelligent est de plus en plus une norme. La vie n'est pas un combat mais elle est une intelligence, veux-je dire. Après l'oppression coloniale qu'ont connue les sociétés africaines, une élite africaine a pris la relève pour continuer dans l'inconscience l'œuvre du colon. Ceci parce que cette élite ou alors ceux qui avaient pris le pouvoir n'avaient pas une alternative crédible à proposer à leurs sociétés. Et comme la nature n'aime pas le vide, les anciennes pratiques décriées ont été reprises dans la société africaine par l'Africain incapable de proposer des bonnes solutions aux problèmes sociaux. Toutefois, les nations où les alternatives étaient bien pensées après l'indépendance sont celles où la situation évolue au moins positivement aujourd'hui : Le Botswana, le Sénégal, la Tanzanie,... Il n'y a pas seulement une urgence de décoloniser nos mentalités mais il faut ensuite proposer des solutions de rechange pour remplacer les pratiques à bannir.

Cette question de changement de mentalités, le changement de notre programmation mentale a des conséquences notables car elles concernent notre mode de vie, nos relations, nos religions, bref les pratiques qui nous accompagnent tous les jours. En Amérique Latine, la théologie de libération a été lancée pour apporter des solutions à toutes ces idées qui bloquent l'évolution de la société. Dans un monde qui se globalise, une nouvelle programmation mentale nous permettra de nous débarrasser des traditions et des coutumes qui bloquent le processus de notre développement personnel et socioéconomique, dans la suite, elle nous aidera à prendre part à la globalisation avec certaines de nos traditions, coutumes, valeurs qui font notre fierté.

Nous devons appendre à désapprendre et à réapprendre[21]. Nous devons savoir nous appuyer sur les ressources humaines disponibles. La personne humaine est une complexité ; elle est composée des plusieurs éléments qui ont évolué, affirment les évolutionnistes. Les composantes de l'humain sont diverses. L'organisation biologique elle-même favorise et permet avec le temps qu'il y ait des ruptures avec le passé, qu'une continuité soit assurée et enfin que certaines nouveautés améliorent les conditions de vie de l'être humain.

Les sociétés africaines actuelles devenues le fruit d'une combinaison des éléments apportés par la culture occidentale et ceux de nos sociétés traditionnelles, doivent adopter la dynamique évolutionniste de l'écosystème. Elles doivent pouvoir opérer les ruptures avec certains éléments du passé et

---

[21] MORIN, E., *La voie. Pour l'avenir de l'humanité*, Paris, Ed. Fayard, 2011, p. 148.

en même temps assurer la continuité par rapport à quelques éléments du passé. Les corps humains, les corps végétaux procèdent à des changements dans des moments précis et pour le besoin de la cause. S'il en est ainsi, les corps sociaux, les institutions et les organisations de la société ne doivent pas rester statiques. Ils doivent être dynamique et permettre à ce que la vie au sein de la société avance vers un changement positif. C'est ce qui explique les mutations sociales que connaît l'environnement social. Voilà pourquoi les institutions publiques et privées doivent intégrer la dynamique d'un changement continu. Dans cet élan, il faut identifier les éléments qui favorisent le maintien du statu quo et les éléments qui permettent qu'il y ait l'émergence d'une nouvelle programmation mentale, un nouvel imaginaire collectif.

Dans le processus de changement positif, de l'instauration d'un nouvel imaginaire collectif, il faut apprendre au citoyen à se placer au centre de la société. Il faut recourir à la culture de travail en groupe. Ce mode de travail exige que l'on sache se confier à l'autre et plus encore, que l'on soit capable de bien préparer la relève et donc poser les bases de la continuité de vie au sein de la société. La vie dans la société n'est pas que politique, l'avons-nous déjà souligné. L'Afrique et plus particulièrement la République Démocratique du Congo a besoin d'une diversification des activités au sein de la société. Nous devons éviter la politisation en outrance de nos sociétés. La vie humaine a plusieurs dimensions qu'il faut cultiver et exploiter. L'absence en la personne d'autres dimensions de vie en société ou alors l'absence dans une société d'autres dimensions de vie, le fait de ne privilégier que la politique au sein d'une société conduit au déséquilibre dans la vie personnelle ou alors dans la vie sociétale.

Il est important de souligner que l'homme est plus que celui expliqué par les sciences sociales. Face à la physique quantique, les sciences sociales sont en train de perdre grandement le terrain. L'homme n'est plus vu comme le présentaient les sciences sociales. La vision de l'homme et de la société sont en train de changer. La physique quantique nous apporte plus d'explication sur ce que nous sommes. Ni héréditaire, moins encore tribale ou raciste. Nous sommes un tas d'énergie cristallisée en connexion avec le reste du monde.

Notre identité est une création humaine collée au tas d'énergie qui fait notre personnalité et nous permet d'agir d'une façon ou d'une autre. Les identités jouent à la fois le rôle positif et négatif. C'est évidement la capacité de cette énergie que nous sommes, de savoir bien s'aligner face à l'univers qui compte. Ce sont les dispositions de l'énergie de rester connecté à la source universelle, de vibrer sous la fréquence positive et d'envoyer des signaux positifs à l'univers qui compte. Dans ce contexte, il faut une science sociale nouvelle qui forme un citoyen responsable et non dépendant, un citoyen conscient et engagé à prendre son destin en main. Changer la société, c'est aussi mettre fin à cette science élaborer par les autres et qui nous dit ce que nous sommes, ce que nous devons penser. Il faut sortir de cet état d'esprit pour reconquérir une identité nouvelle qui reconnaît en l'homme toutes les potentialités nécessaires pour son développement. C'est dans le fond intérieur de l'homme que repose la lumière divine ; à chacun de nous de travailler pour faire briller cette lumière divine qui est en lui.

3.3. De la mise en place d'une mission et d'une vision institutionnelles nationales : l'Union fait la force.

Dans le premier chapitre de cet ouvrage, nous avons constaté que face à la crise, le peuple congolais se tourne d'habitude vers la classe sociale qui inspire confiance, incarne l'espoir. Ceci prouve que le peuple a toujours été capable de faire un bon choix. Il serait intéressant que chaque classe ou catégorie sociale en République Démocratique du Congo fassent bien son travail pour que la conjonction de tous les efforts amène le pays vers le bien-être, le bonheur. Il est important que les intellectuels, les militaires, les religieux, les hommes d'affaires inspirent tous confiance à la population pour qu'à chaque moment de crise, la population puisse compter sur tous les acteurs de la société.

Etant donné que la vie politique au sein de la société contemporaine est complexe, chaque société doit mettre ensemble ses efforts pour espérer trouver une solution d'ensemble aux problèmes quotidiens. Les sociétés contemporaines ne se construisent que sur base des efforts combinés. Il faut une conjonction d'efforts, une combinaison d'actions pour prétendre aboutir à un résultat efficace. Le développement d'une société contemporaine exige la construction d'une vision d'ensemble, une vision nationale dans différents domaines :

- *vision politique : le type du régime politique, le type d'institutions politiques à mettre en place, la forme de la démocratie, le mode du scrutin,...*

- *vision économique : la forme de l'économie, les acteurs de l'économie, le rôle de l'Etat dans le domaine économique,...*
- *vision scientifique : la place de sciences au sein de la société, les objectifs scientifiques, les projets scientifiques, les acteurs scientifiques, la promotion des recherches scientifiques, le type de recherches,*
- *vision socio-culturelle : les éléments culturels qui définissent l'identité, la modernisation de certaines cultures, la place de la culture dans la dynamique de la globalisation.*

Il est important que chaque Etat définisse aujourd'hui ses politiques dans différents domaines. Par conséquent, c'est aussi une obligation pour chaque Etat de mobiliser des ressources financières, humaines et matérielles nécessaires pour construire et défendre la politique nationale. Dans le même ordre d'idée, il est important que la politique nationale mise en place par un Etat tienne compte des changements internes et externes que peut connaître la société.

Dans tout processus de redressement économique, comme celui dans lequel est engagé la République Démocratique du Congo, il y a toujours eu des ennemis, les groupes qui profitent du chaos sociopolitique. Les groupes qui alimentent le business de l'industrie militaire, le groupe qui profite des arrangements politiques transitoires, les groupes qui sont actifs dans le commerce illégal de plusieurs ressources. Ces groupes résistent dans la plupart des cas au retour à la normale des activités économiques ; ils résistent au nouvel ordre économique bénéfique à tous. Ils ne veulent pas que soit instaurée la bonne gouvernance au sein de la société : la transparence dans la gestion des affaires publiques, la participation citoyenne dans le domaine économique, la justice distributive, le contrôle.

La vision et la mission communes que nous avons, nous obligent à avoir confiance en nous même, en nos produits. Si nous observons la vie de chaque congolais aujourd'hui, nous réaliserons qu'une grande partie de la consommation est composé des produits venus de l'extérieur. Nous sommes une société consommatrice des produits des autres. Plusieurs congolais donnent plus de valeur aux produits importés qu'aux produits locaux. Ce qui intrigue c'est que même pour les produits alimentaires, les congolais font désormais confiance aux produits extérieurs qu'intérieurs. Par manque d'information, les gens oublient que les produits locaux : légumes, poissons, mais, riz, haricots, fruits sont plus nutritifs que tous les autres produits traités de l'extérieur mis en boite ou dans des emballages.

Nous déplorons le fait que la programmation mentale du congolais soit arrivée jusqu'à ce point-là. Il faut sortir de cette dépendance qui avilit et humilie. Les religions qui envahissent nos milieux, les musiques, les drogues font que le congolais oublie d'exploiter toutes les potentialités qui dorment en lui, pour se contenter de la simple consommation des produits mis en place par les autres. Aucun peuple sur terre n'est supérieur à l'autre par nature. Nous avons tous les mêmes potentialités, c'est alors le mode d'exploitation et d'usage de ces potentialités qui diffèrent.

3.4. Apprendre aux citoyens à participer au développement du pays sans faire de la politique

Est-il possible de vivre sans la politique ? Peut-on imaginer une vie personnelle et sociétale sans la politique ? Si le pouvoir politique n'organise pas la société, qui l'organisera ? Si le protecteur est devenu malfaiteur, qui assurera notre protection ? Comment changer le monde sans prendre le pouvoir politique ? Ces questions et tant d'autres présentent le débat qui a lieu à travers le monde entre d'un côté ceux qui sont considérés comme des supporteurs convaincus de la politique. Ceux qui croient qu'en dehors de la politique toute vie sociale est impossible. Et d'autres qui croient qu'il est possible de penser sa vie, de l'organiser sans absolument penser à la politique ou alors sans passer par la politique.

Nous disons de notre part que l'homme est appelé à vivre dans une société où les activités sociales sont diversifiées. La politique est une composante des activités de la société, mais elle n'est pas primordiale. Dans la vie actuelle, il est difficile de penser une vie sans la politique, mais cela ne veut pas dire qu'on ne peut pas vivre sans la politique. Nous affirmons qu'on peut vivre sans la politique, c'est pourquoi d'ailleurs il y a des scientifiques qui travaillent pour montrer et prouver qu'il est possible de participer, de contribuer au changement qui a lieu dans le monde sans exercer le pouvoir politique.

Cette dernière catégorie de personnes vit en réduisant drastiquement la dépendance face au pouvoir politique. Il faut travailler pour changer le monde dans lequel nous vivons sans chercher à tout prix à prendre le contrôle du pouvoir politique. Pour ceux qui maîtrisent bien l'histoire de l'humanité, dans l'espace qui était dominé par le christianisme, il était impossible de croire et de penser que le monde pourrait être organisé sans la religion ou encore sans l'Eglise Catholique. A voir le contexte actuel du monde, la place de la religion dans l'organisation de la société, nous ne pouvons-nous en doute de la force de l'utopie. Ceux qui croient que le monde peut être pensé autrement, nous pouvons le changer sans absolument passer par la politique, peuvent bien sur avoir raison un jour.

Ce qui vient d'être dit, nous amène à examiner le comportement actuel du congolais, qui à notre avis ne s'intéresse plus qu'à la politique. Supposons que la moitié des candidats députés aux élections de 2011 avait décidé d'investir dans de petites activités commerciales, ceci accroîtrait les Petites et Moyennes Entreprises en République Démocratique du Congo. Au lieu de dépenser tout cet argent en politique, le 2/3 de candidats (rappelons qu'il y avait 18 000 candidats pour 500 sièges à pourvoir au parlement) pouvait bien investir dans le domaine de développement économique : création des Petites et Moyennes Entreprises (PME), en agriculture, en nouvelles technologie, en éducation. Les 18 000 candidats qui ont engagé leurs argents dans la campagne électorale étaient-ils dépourvus de créativité ?

De la même façon que le peuple a désavoué le pouvoir religieux sous d'autres cieux jusqu'au point où l'Eglise se trouve menacée, de la même façon le pouvoir politique, s'il n'opère pas une transformation positive, peut-être complètement désavoué. Je suis conscient du débat que vont susciter mes affirmations dans le chef de plusieurs personnes. Mais j'invite mes lecteurs à y réfléchir à fond avant de me critiquer.

En Amérique Latine et en Europe, les chercheurs travaillent déjà sur le sujet. Ils se posent la question de savoir comment changer le monde sans prendre le pouvoir politique[22]. Ces travaux ont vu le jour à cause des abus des acteurs politiques. S'il est vrai qu'il était inconcevable de croire aux 15eme et 16eme siècle que les gens pouvaient bien vivre sans la religion, qui était à l'époque l'unique force organisatrice de la société, il est aussi difficile de croire à nos jours qu'en dehors de la politique nous ayons d'autres possibilités d'organiser la société, le monde. Ma réflexion n'ouvre pas la voie à l'anarchie et je ne suis pas un anarchiste. Je veux à travers cette réflexion, interpeller à la fois le politicien et le citoyen pour que chacun là où il se trouve face correctement son travail. Dans ce cas, se désintéresser de la politique veut dire disposer son temps à faire autre chose, consacrer son temps à ne réfléchir que sur la réussite de ce qu'on entreprend. Il est évident que toute personne qui travaille pour atteindre un objectif, dans tel ou tel autre domaine de la vie sociale, doit absolument prendre en compte l'environnement social, politique, économique et culturel dans lequel elle évolue. Cela ne veut pas dire que cette personne va devenir acteur dans tous ces domaines, au contraire, la connaissance de l'environnement dans lequel il évolue va juste l'aider à mieux faire son travail.

En Afrique et en République Démocratique du Congo les gens aiment bien l'expression, « si tu ne t'occupes pas de la politique, la politique s'occupera de toi. » Le premier problème de nos concitoyens dans la lecture des adages est qu'ils les lisent et les considèrent

---

[22] HOLLOWAY, J. *Changer le monde sans prendre le pouvoir*, Syllepse, Paris, 2008.

comme des vérités absolues. Ainsi, quand un adage comme celui-là est prononcé dans la plupart des cas, c'est pour clore le débat, c'est pour annoncer qu'il n'y a pas d'argument à apporter face à l'adage. Cette lecture absolutiste et dogmatique bloque le mental et empêche aux gens de réfléchir.

Nous invitons les gens à se désintéresser de la politique pour changer le pays. Se désintéresser de la politique veut dire, prendre tout son temps, son énergie et ses moyens et les consacrer à d'autres domaines comme l'économie, la culture, l'agriculture, les nouvelles technologies... Il faut dire que si on y met toute la concentration, la réussite ne tardera pas à venir et contrairement à l'adage, ceux qui font la politique vont s'intéresser à la personne justement parce qu'elle a réussi sa vie malgré les obstacles et les difficultés posées par les politiques sur la voie de réussite. A partir du moment où une personne qui ne fait pas la politique voit la politique s'intéresser à lui, cette personne a toutes les possibilités d'imposer des changements à la politique. Voilà une lecture positive de cet adage qui d'habitude est très mal interprété dans nos sociétés. A partir de là, il y a possibilité de désavouer toute politique qui ne travaille pas pour le bien-être de la population de manière globale. Dans ces conditions ne peuvent avoir droit à la chapelle politique que des personnes ayant une grande stature républicaine.

3.5. Promouvoir la culture de relève : apprendre à servir le pays sans s'accrocher au pouvoir

L'un des comportements négatifs qui caractérisent le continent africain relève du fait que les autorités, les dirigeants de la société veulent s'accrocher au pouvoir. Il n'y a pas une culture de préparer la relève, de céder la place aux jeunes. Les gens veulent avoir un pouvoir à vie. Même dans le domaine qui n'accepte pas ce type de pouvoir, les gens s'accrochent.

A ce sujet, un débat intéressant a lieu à l'Eglise du Christ au Congo. Le cas de la succession à la tête de l'Eglise du Christ au Congo est une preuve que le mal a profondément rongé la société africaine en générale et congolaise en particulier. Nous insistons sur ce cas parce que ce domaine de vie est supposé être le lieu où ce type de débat n'allait pas avoir lieu. Le domaine politique étant pollué par ces maux. Voici à titre illustratif un article publié par l'avenir sur la question de la succession à la tête de l'Eglise du Christ au Congo :

La 16ème session du Synode national de la communauté protestante en RDC interpelle Mgr Marini pour toute tentative de réforme statutaire à son avantage[23]

Kinshasa, 01/09/2014 / Société

Les délégués représentants les communautés associées et membres effectifs de la communauté protestante en RDC appelée Eglise du Christ au Congo (ECC) viennent de tenir à Kinshasa la 16ème session de leur Synode national strictement juridique au cours duquel ils ont désavoué leur légataire national prévenu de s'abstenir de la moindre modification de statuts qui régissent la communauté dans le sens d'une pérennisation jusqu'à sa mort de la présidence de l'ECC

Plus ou moins 250 délégués, représentant les communautés et organismes associés membres effectifs de l'Eglise du Christ au

[23] http://www.digitalcongo.net/article/102280 22 Mai 2015

Congo (ECC), venus de toutes les provinces de la RDC ont participé du mercredi 6 au 10 août 2014 au Centre d'Accueil Mgr Shaumba à Kinshasa/Gombe à la 16ème session du Synode National, Organe Suprême de l'ECC.

Annoncée pour être essentiellement juridique, cette session s'est prononcée contre les modifications des textes statutaires taillés sur les ambitions personnelles de Mgr Marini de se maintenir à la Présidence nationale de l'ECC, jusqu'à sa mort. Par des votes responsables, écrasants et sans appel, les délégués au Synode ont désavoué Mgr Marini et lui ont montré la voie de sortie afin d'épargner l'Eglise du Christ au Congo d'être dirigée dans l'illégalité.

En effet, après avoir suivi la journée le rapport de la commission d'évangélisation, vie de l'Eglise et mission, les délégués ont unanimement rejeté l'adoption à partir de 21 heures, le samedi, 09 août 2014 la déclaration finale de ces assises proposée par Mgr Mbaya, Modérateur du Synode National, et ce, après avoir gardé les mêmes délégués affamés jusque vers 20 heures.

Fatigués et torturés moralement, ils ont exigé de poursuivre, le dimanche 10 août 2014 à partir de 14H, l'audition de toutes les commissions restantes dont celle dite Juridique qui était la plus importante compte tenu de l'intérêt que Mgr Marini y accordait afin d'arracher sa présidence à vie à l'ECC.

En rejetant cette proposition de la modération, les délégués à qui toute la communauté protestante de la RDC rend hommage, ont déjoué le plan concocté par Mgr Marini et ses acolytes visant à les faire voter dans la confusion et la fatigue, en particulier l'article 24 proposé qui stipulait que :

Le mandat du Président National de l'ECC prend fin en cas de : Expiration du mandat de 6 ans renouvelable, Incapacité physique constatée ou déclarée, Méconduite, Démission, Appréciation du Synode National et Décès.

A la reprise des travaux le dimanche 10 août 2014 dans les après-midi, les délégués ont, en âme et conscience, dans la liberté et sous l'inspiration du Saint-Esprit, rejeté l'amendement évoqué ci haut qui exerce un impact négatif sur la performance de l'Eglise du Christ au Congo et se sont ainsi inscrits fidèlement dans la tradition protestante qui n'admet jamais l'exercice à vie d'une responsabilité administrative comme celle du Président National de l'Eglise.

Par conséquent, les délégués ont adopté que le mandat du Président National et de ses 2 Vice-présidents doit être de 6 ans renouvelables une fois et que l'âge limite est fixé à 75 ans. Cet article vaut aussi pour les Présidents Provinciaux de l'ECC. Cette adoption a été sanctionnée par un vote à main levée de 219 voix pour et 24 voix contre la proposition de Mgr Marini.

Ce vote fut précédé par un autre, toujours à main levée, par lequel les délégués ont par 09 pour et 234 voix contre une autre proposition de Mgr Marini relative à la réduction à deux le nombre des délégués par communauté au synode national. Le nombre de quatre délégués initiaux a été maintenu à la grande satisfaction de toute l'ECC rassemblée en synode.

Après ce désaveu parlant, la plénière de cette 16ème session ordinaire du Synode National, a demandé à Mgr Marini, âgé de 76 ans et quelques mois, d'en tirer sagement les conséquences s'il aime réellement l'Eglise du Christ au Congo et d'éviter ainsi de diriger l'Eglise dans l'illégalité.

Mais hélas, quelle n'a pas été la déception de la majorité de délégués de constater que, lors de son discours d'au revoir, le Président sortant s'est contenté seulement de promettre une prochaine rencontre en 2016 au Synode National Electif pour son remplacement, oubliant délibérément que tout acte juridique qu'il poserait serait préjudiciable à l'Eglise du Christ au Congo.

Juridiquement, seule sa démission forcée ou volontaire permettra à son 1er Vice-président de poser les actes qui engagerait l'ECC jusqu'au Synode National électif de 2016. Et ce, conformément aux dispositions statutaires de l'article sus évoqué qui stipule sur la fin du mandat du Président National de l'ECC.

L'Avenir

Lorsqu'on analyse le comportement des politiciens africains et congolais, on constate qu'il y a deux types de politiciens : ceux qui servent le pays pour se retirer de la scène politique dans la suite, il y en a très peu, un très petit pourcentage. Et une majorité, ceux qui sont en politique sans envisager de se retirer un jour de la politique. Des politiciens à vie. Cette dernière catégorie vit de la politique. Dans leur logicien mental, il n'y a pas de vie sur cette terre sans la politique. S'il y a un continent sur cette terre qui regorge le plus de politiciens, c'est l'Afrique. Et la République Démocratique du Congo est parmi les premiers pays du continent avec la démonstration qu'elle a faite en 2011 de présenter au moins 18 000 candidats députés pour 500 postes à pourvoir. Le constat qui en découle lorsque nous considérons la corrélation entre le développement sociopolitique et le nombre élevé des politiciens nous permet d'affirmer que trop de politiques tuent la politique.

Rappelons que le continent africain a connu des dirigeants modèles qui n'ont pas voulu s'accrocher au pouvoir. Léopold Sédar Senghor, Julius Nyerere, Ahmadou Ahidjo, Nelson Mandela. Ces dirigeants africains nous ont donné la leçon de savoir servir la société et partir en laissant la place aux autres. Si au Sénégal, en Tanzanie, en Afrique du Sud, ils ont respecté la sagesse de ces pères de nations en instaurant l'alternance, le contraste nous le vivons au Cameroun où Paul Biya héritier d'Ahmadou Ahidjo ne veut pas céder son poste. C'est un président à vie qui croit qu'il n'y a que lui au Cameroun qui peut apporter bonheur aux Camerounais.

Mais pourquoi cet acharnement contre les vieux politiciens peut-on lancer ? Est-ce un conflit de génération qui nous pousse à développer ces idées ?

Pas du tout et loin de nous une haine viscérale contre les vieux. Nous avons besoin de leur sagesse dans nos sociétés. Mais il est important de savoir que la personne humaine a ses limites. Le cerveau humain, les capacités mentales présentent des limites en fonction de l'âge. Ceci étant, il est important de savoir arrêter à temps sa participation à la vie politique. Si d'ailleurs le système de retraite a été instauré dans tous les pays du monde, c'est juste à cause des faiblesses et limites que présente le corps biologique à un certain âge. Et donc il faut savoir, dans certaines circonstances, se retirer de la vie politique. Combien des politiciens congolais ont-ils eu le courage de se retirer de la vie politique après avoir compris d'eux-mêmes que leur âge ne permettait plus de rester actif en politique ? La jeunesse africaine en général et congolaise en particulier a besoin des exemples, des annonces de retraite volontaire de ceux-là qui ont servi le pouvoir politique ou économique pendant des années.

Avant de clôturer ce chapitre, je voudrais bien raconter ici une histoire vraie qui a eu lieu dans l'espace politique de la République Démocratique du Congo. Dans la période post-conflit de 2006 à nos jours, le pays avait besoin de ses citoyens plein d'énergies pour trouver des solutions aux problèmes de la société. Mais il se fait qu'au sommet de l'Etat, un poste hautement stratégique était occupé par un vieux politicien. Le vieux, parce que fatigué par l'âge, dormait régulièrement au bureau ou encore dans sa voiture le long du parcours entre sa maison et le bureau. Le matin, ses gardes du corps ne savaient pas parfois quoi faire : rentrer à la maison pour que le vieux continue son sommeil ou alors parquer au lieu de travail et attendre qu'il se réveille ? En tout cas, l'option de le réveiller de son sommeil n'était pas envisagée. Entre temps des dossiers importants traînaient sur sa table. Si ce cas était considéré comme le plus compliqué, il faut dire que des vieux politiciens passent leur temps à dormir dans leurs bureaux en Afrique.

Ce comportement décrié au sommet des Etats africains est observable dans plusieurs structures de la société africaine. Ceci explique aussi pourquoi beaucoup de jeunes sont en chômage simplement parce que ceux qui sont au pouvoir, bien qu'improductif à cause de l'âge, veulent y rester pour toute la vie. Il faut renforcer la notion de contrat social qui veut que dans une république, le travail fait, produise des résultats pour la génération actuelle et à venir.

Nous devons instaurer une culture de préparation de la relève et savoir se retirer du pouvoir quand il est encore temps. Il faut d'ailleurs dire que même à une certaine période de la vie, il faut savoir se retirer de la politique pour refaire de l'énergie et revenir travailler avec des idées nouvelles. Il y a des personnes qui décident parfois de prendre une pause en politique pour revenir les années suivantes. Cette pause a toujours été une occasion pour se refaire la santé physique, intellectuelle et morale.

La pause en politique peut se justifier sous diverses formes : elle peut être volontaire ou involontaire. La pause est volontaire quand un politicien décide de se retirer momentanément de la vie politique pour se consacrer à autre chose. Elle est involontaire quand elle est causée par les moments difficiles, une rupture ou une incompréhension entre le politicien et sa famille politique ou alors une rupture entre le politicien et les citoyens qu'il défend. Il peut se faire que la famille politique ou les citoyens ne portent plus à cœur un politicien pour raison d'incompréhension ou d'erreur politique commise. Devant ce fait, le politicien doit accepter le dur moment, il doit accepter la traversée du dessert.

Chapitre 4 :
La démocratie concertée gage pour la paix, le développement local et le bien-être social en Afrique[24]

La démocratie concertée nous la voulons comme un instrument de travail, un mode de gestion qui aide les sociétés africaines à consolider la vie sociopolitique républicaine et démocratique à travers le débat, le dialogue, les consultations et les concertations. Ces types de rencontres éclaires la société, donnent une vision nouvelle des enjeux sociopolitiques auxquels tout le monde doit faire face ; bref la société avance sur base des concertations continuent vers leur intérêt commun.

Raul Morodo n'affirme-t-il pas que pour arriver au bon port, il faut naviguer avec des grandes capacités: un dialogue imaginatif qui conduit au consensus, que les différents secteurs sociaux pratiquent la médiation et la conciliation, que le pluralisme soit effectif, que la majorité respecte la minorité, que cette dernière comprenne que dans la plupart de cas le temps passé est passé. Et surtout, que la nature et le fonctionnement de toute démocratie se réalise sur base des principes de l'Etat de droit, toujours par voie légale, reconnaissant que la tolérance est une boussole pour tous. Accepter en définitif qu'en politique démocratique il n'y a pas d'ennemi intérieur à abattre,

---

[24] Ce chapitre est la version enrichie d'une section de notre derrière publication : KAIMWA MANENO, B., *Enjeu de la décentralisation en RDC, organisation et gestion des entités de base « secteur – chefferie »*, L'Harmattan, Paris, 2014, p. 285.

sinon des adversaires à convaincre ou à vaincre pacifiquement et électoralement[25]."

4.1. Objectifs poursuivis par l'organisation et la démocratie concertée

La société africaine repose sur un passé riche en concertation dans la résolution des problèmes sociaux. Mabiala Mantuba observe dans la société africaine en général et congolaise en particulier que la recherche des solutions aux problèmes de la vie a lieu « sous forme de palabre qui est une école d'éducation à la tolérance, à la vérité, à la justice et à l'humilité, à la responsabilité de ses actes et la coopération mutuelle[26].» L'auteur affirme dans la suite que cette école collective à la vie a toujours été ouverte à tous les sexes et les âges. Elle est un véritable espace d'apprentissage à la démocratie participative, directe ou encore consensuelle. Elle recherche le compromis, la paix sociale et renforce ainsi la cohésion sociale.

Les sociétés traditionnelles de la République Démocratique du Congo plaçaient la pratique de concertation au centre de la vie en société. Tous les faits sociaux, heureux ou malheureux, tous les problèmes obligeaient les acteurs de la société à se concerter pour célébrer le bonheur, la joie ou alors pour trouver les solutions aux problèmes qui menaçaient la société. Il convient de souligner que la concertation que nous évoquons ici ne veut pas dire conciliabules politiques. Elle veut dire recherche

---

[25]MORODO, R., *Venezuela, ¿hacia una democracia avanzada?* in El País, 6 Janvier 2006.

[26] MABIALA MANTUBA, P., *La culture africaine quelques aspects positifs et négatifs,* in Congo-Afrique, numéro 436, Cepas, Kinshasa, juin-juillet-aout 2009, p. 445.

concertée des solutions rationnelles et acceptables pour tous les citoyens. L'organisation et la gestion concertées du pouvoir sociopolitique sont une solution rationnelle que nous recommandons à tout Etat unitaire décentralisé en plein processus de construction. Ce mode de gestion est une alternative crédible pour aider les sociétés africaines à se réconcilier avec son passé et à mieux intégrer au même moment les éléments d'organisation et de gestion sociopolitique moderne. C'est à la fois une alternative inclusive et pragmatique. L'organisation et la gestion concertées du pouvoir doivent poursuivre les objectifs suivants :

- *La planification et l'exécution concertées des projets de développement ;*
- *La prévention et la résolution concertées des conflits ;*
- *La concertation autour des grandes questions de la société ;*
- *La concertation sur l'avenir sociopolitique de la vie de l'Etat : projection et prospection.*

4.2. Les principes de la démocratie concertée

La gestion concertée du pouvoir exige les principes républicains et les principes démocratiques comme fondement de vie en société. La concertation dont il est question ici ne doit pas être réduite à une simple participation politique. Elle doit être prise comme un espace sociopolitique qui œuvre pour la paix, l'ordre public et le développement durable. C'est pourquoi, la démocratie concertée implique dans sa dynamique tous les acteurs de la société pour qu'ensemble, ils procèdent par :

- *L'identification des problèmes sociaux et des acteurs de la vie sociopolitique au sein des entités : domaine du travail (acteurs de l'éducation, acteurs de l'agriculture, acteurs de l'économie,...), au sein d'une entité administrative (acteurs publics et privés) ;*
- *L'examen et l'analyse des problèmes et la recherche concertée des solutions ou du mode d'intervention à travers les débats, les conférences, les consultations. D'où, la programmation spatiale et temporelle des activités et la définition des indicateurs dans un esprit de dialogue et de respect mutuel ;*
- *La prise des décisions consensuelles qui privilège l'intérêt de la société et l'exploration des voies préventives pour éviter les conflits sociaux et l'instauration des mécanismes de résolution des conflits à divers niveaux de l'Etat ;*
- *Le mécanisme de contrôle ou évaluation régulière du processus de concertation. Il faut à ces points que la population soit informée de l'avancée des projets que le pouvoir central, provincial ou local est en train d'exécuter.*

Le but principal des principes de la concertation est d'instaurer la paix, la justice et la concorde qui sont des préalables importants dans le processus de construction d'une République Démocratique. C'est justement pour le besoin du développement durable en République Démocratie du Congo que nous avons proposé la théorie de la démocratie concertée.

4.3. Les types de concertations

Nous estimons que la concertation au sein de l'Etat démocratique décentralisé doit se faire sur le plan spatial et sur le plan temporel. Sur le plan spatial, la concertation doit être verticale et horizontale. Sur le plan vertical, les entités locales, provinciales et nationales doivent se concerter régulièrement. Sur le plan horizontal par contre, les entités traitent à égalité, partagent leurs expériences dans presque tous les domaines de la vie sociopolitique, discutent sur les possibles solutions envisagées aux problèmes sociopolitiques et se mettent ensemble pour faire face aux problèmes qui les préoccupent. Cette concertation concerne les entités locales entre elles, les provinces entre elles et les institutions du pouvoir central entre elles. Sur le plan temporel, nous avons identifié deux types de concertations : la concertation régulière ou ordinaire, la concertation irrégulière, préventive ou curative.

4.3.1. La concertation régulière ou ordinaire

Elle a lieu chaque année ou chaque deux ans, selon le calendrier qui sera fixé par les institutions concertées. Elle est assimilable aux séances de répétition d'un groupe musical. Cette répétition est une force créative qui permet au groupe d'avancer vers l'avenir avec plus de certitude, de produire des œuvres, des résultats admirables par tous. Cette rencontre donne toujours des matières grises au groupe et facilite son évolution dans la production des œuvres harmonieuses.

La concertation régulière peut être horizontale. Elle peut s'organiser sous forme d'une rencontre interinstitutionnelle. Au niveau du pouvoir central, cette concertation réunirait les membres du pouvoir exécutif, législatif et judiciaire qui doivent réfléchir ensemble sur la bonne marche de l'Etat. Au niveau provincial et au niveau local, les autorités de ces trois pouvoirs doivent se concerter, se réunir pour réfléchir sur les questions de développement, de la population sous leur autorité.

Sur le plan verticale, nous estimons que les concertations doivent toujours avoir lieu entre le pouvoir central et le pouvoir provincial d'un côté, de l'autre côté entre le pouvoir provincial et le pouvoir local. A ce niveau encore, ce sont les questions en rapport avec le bien-être de la population qui seront au centre du débat. Les rencontres entre le pouvoir central et le pouvoir provincial et dans la suite les provinces et les entités décentralisées de base. Ces concertations peuvent avoir lieu sous forme de rencontres thématiques.

4.3.2. La concertation irrégulière, préventive ou curative

Elle est une rencontre extraordinaire, convoquée pour traiter les problèmes sociaux urgents. La société peut être en face d'un problème imprévu, d'un bonheur ou d'un malheur non attendu. Cette concertation réfléchit sur des solutions à apporter aux problèmes imprévus qui surgissent dans la société. Elle prend des dispositions pour gérer le bonheur ou le malheur qui surprend la société ou alors, elle anticipe et traite des questions qui font objet d'un conflit dans la société. La dynamique de concertation est à la fois une dynamique locale, provinciale et nationale. Le but de cette théorie est évidemment de donner une explication simple de la vie publique avec des termes compréhensibles dans les milieux urbains comme dans les milieux ruraux africains où nous croyons qu'il faut intervenir avec plus d'énergie pour faire comprendre à la population ce qu'est la gestion de la chose publique.

Sachant que n'importe quel citoyen africain a la capacité de se faire une idée des traditions, des coutumes de la palabre dans la vie de la société, sachant aussi que le même citoyen peut parfaitement avoir l'idée du fonctionnement de l'action d'un groupe musical, nous croyons que ces analogies, ramenées à la politique, peuvent bien faire réfléchir chaque citoyen et lui donner les outils nécessaires pour comprendre la dynamique de la vie sociopolitique dans laquelle il est engagé.

4.4. Pour une démocratie concertée tricyclique et plurielle

La dynamique de concertation envisagée au sein de la société africaine concerne trois niveaux de la société. Ceci veut dire qu'elle doit avoir lieu au niveau national, au niveau provincial et enfin au niveau local. Au niveau national, cette instance est appelée dans la configuration actuelle en République Démocratique du Congo, conférence des gouverneurs de province. En Afrique, chaque Etat est libre de donner une dénomination de son choix à cette instance au niveau national, provincial et local. Pour le cas spécifique de la République Démocratique du Congo, nous proposons que cette instance soit appelée le comité provincial de concertation au niveau provincial et enfin le conseil des sages au niveau local.

Pour le cas de la République Démocratique du Congo, au niveau national, la *conférence des gouverneurs de province* « est composée du président de la République, du premier ministre, du ministre de l'intérieur et des gouverneurs de province[27].» Au niveau provincial, le *comité provincial de concertation* doit être composé à notre avis par le gouverneur de province, le ministre provincial de l'intérieur et les chefs des entités locales décentralisées. Les concertations entre le pouvoir provincial et les entités décentralisées de base peuvent avoir lieu sous deux formes : soit elles sont directes, c'est-à-dire entre les autorités provinciales et tous les chefs des entités locales décentralisées, soit elles sont indirectes, c'est-à-dire elles se réalisent par l'entremise de l'administrateur du territoire représentant du pouvoir central et de la Province. L'administrateur de territoire aura alors la charge de se concerter avec toutes entités locales décentralisées de base placées sous sa juridiction. Et le maire de la ville fera la même chose avec les entités décentralisées de base placées sous sa juridiction.

A notre avis, cette dernière proposition est la mieux indiquée vu le nombre des entités décentralisées de base qu'il y a dans chaque province. Cette proposition est en conformité avec l'article 11 de la loi organique n° 10/11 du 18 mai 2010 portant fixation des subdivisions territoriales à l'intérieur des provinces, qui affirme que « l'administrateur de territoire peut, par délégation du gouverneur de province, exercer la

---

[27] JOURNAL OFFICIEL DE LA RDC, *Loi organique n° 08/015 du 07 octobre 2008 portant modalités d'organisation et de fonctionnement de la conférence des gouverneurs de province,* numéro spécial, Kinshasa, 10 octobre 2008, p. 3.

tutelle sur les actes des entités territoriales décentralisées de son ressort. De même, il peut les appuyer dans la mise en œuvre de leurs compétences en disposant des services publics de l'Etat et de la Province.»

Nous inspirant de l'organisation administrative de la République Démocratique du Congo, nous estimons que la concertation du niveau local doit avoir lieu au sein de l'entité décentralisée de base (secteur ou chefferie pour le cas de la RDC). Nous faisons cette proposition parce que les entités de base en Afrique sont composées des groupements ou des villages qui sont théoriquement des entités déconcentrées dans le processus de décentralisation. Nous avons démontré dans notre première publication que le groupement est une entité coutumièrement décentralisée dans le processus de décentralisation de la République Démocratique du Congo[28] . Pour cette raison, un espace de concertation appelé *conseil des sages* doit être un lieu des rencontres régulières entre le chef de l'entité locale décentralisée et les chefs des entités déconcentrées (groupement, village) sous sa juridiction. Le conseil des sages doit être un espace pour traiter d'importantes questions en rapport avec la résolution des conflits locaux, la recherche de la cohésion sociale et la promotion du développement local. Voici la figure qui explique la dynamique de la démocratie concertée au niveau de l'Etat :

[28] KAIMWA MANENO, B. *Enjeu de la décentralisation en RDC, organisation et gestion des entités de base: secteur et chefferie,* L'Harmattan, Paris, 2014, p. 251.

LA DYNAMIQUE DE CONCERTATION

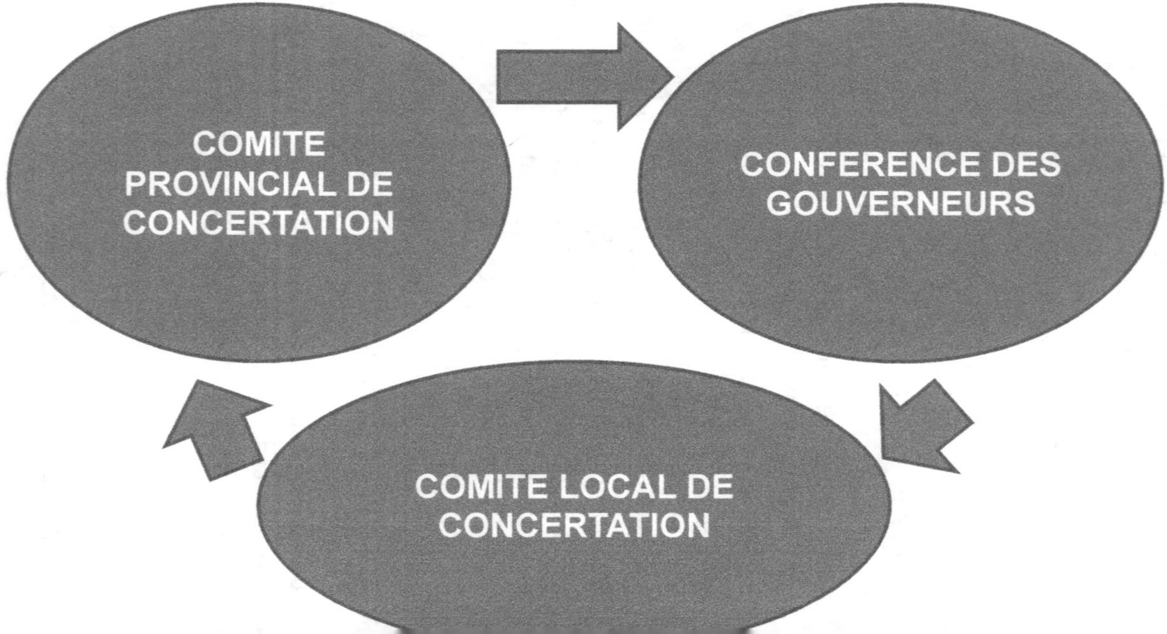

Le sens premier de la démocratie concertée est d'aider les individus à cohabiter, à se comprendre mutuellement et à réfléchir ensemble sur les projets de développement de la société, étant donné que l'homme contemporain est en plein processus d'évolution. Cet homme qui se définit par sa conscience veut vivre pendant longtemps la liberté et l'égalité parmi ses semblables. Dans la suite, l'homme contemporain est passé de la conscience à la coexistence, il apprend l'histoire et la politique, il cherche le compromis avec le monde[29]. L'espace public est devenu ce véritable lieu de compromis, de concertation entre les hommes dans la société contemporaine.

La dynamique cyclique de la démocratie concertée favorise la circulation des connaissances du niveau le plus haut au niveau le plus bas de la société et du niveau le plus bas au niveau le plus haut. Cette circulation des connaissances s'accompagne de la compréhension des faits sociaux, la transformation des coutumes, l'adaptation de certaines pratiques nationales et étrangères aux différents niveaux de la société.

La dynamique dans laquelle sont engagés les Etats Africains en général et la République Démocratique du Congo en particulier, rend déjà effectif la pratique de la démocratie concertée. Ainsi, la conférence des gouverneurs de province est une instance de concertation et d'harmonisation entre le pouvoir exécutif national et les gouverneurs de provinces[30]. Cette concertation est du premier type : régulière et

---

29 PEILLON, V., *op. cit*, p. 77.

30 JOURNAL OFFICIEL DE LA RDC, *Loi organique n° 08/015 du 07 octobre 2008 portant modalités d'organisation et de fonctionnement de la conférence des gouverneurs de province*, numéro spécial, Kinshasa, 10 octobre 2008, p. 3.

verticale. Tandis que la réunion interinstitutionnelle qui réunit les animateurs de toutes les institutions de la République : Le Président de la République, le parlement, le gouvernement, les cours et tribunaux et les institutions d'appui à la démocratie (la commission nationale électorale indépendante et le conseil supérieur de l'audiovisuel et de la communication) est le deuxième espace de concertation au niveau national bien qu'il ne soit pas constitutionnellement institué. Il peut être à la fois un espace de concertation régulière, préventive et curative mais alors horizontale.

Nous estimons à notre avis que la dynamique de concertation apporterait une contribution importante dans la cohabitation, la compréhension mutuelle des citoyens et le processus de développement des Etats Africains. Que ça soit au niveau local ou national, les décisions concertées des acteurs sociopolitiques permettent d'apaiser les tensions, elles obligent les différentes couches de la société à se parler. La démocratie concertée aide les acteurs sociaux à se discipliner dans les compétitions et à définir le comportement à prendre face aux événements.

La gestion concertée du pouvoir aide à renforcer la cohésion nationale, et à améliorer les conditions de vie. Elle favorise une distribution équitable et équilibrée des ressources au sein de l'Etat. Elle est un atout pour la paix, l'ordre public et la cohabitation pacifique. Le travail à faire dans toutes les dynamiques de concertation serait de favoriser le bien-être de tous, d'œuvrer pour la mise en place d'une société équilibrée et non une société divisée en castes, en groupes des privilégiés visibles ou invisibles.

Si dans l'organisation actuelle de notre pays nous décrions le déséquilibre sociopolitique dû parfois aux méfaits du tribalisme, il est important de souligner que la modernité amène au sein de nos sociétés de nouvelles tribus qui appliquent les mêmes logiques que les tribus traditionnelles. Il arrive à nos jours que les structures de l'Etat soient entre les mains des croyants d'une seule Eglise. Le cas des cabinets ministériels qui parfois n'ont que les membres d'une Eglise. Dans une république en pleine construction, ce type de comportement doit être banni et décrié. Il faut éviter de remplacer les tribus anciennes par de nouvelles tribus modernes que peuvent être les Eglises, les clubs, les associations, les organisations occultes...

Enfin la démocratie concertée doit nous conduire à l'amélioration des conditions économiques, l'amélioration de la production grâce à la modernisation de l'économie traditionnelle. Cette modernisation ne doit pas marginaliser l'économie artisanale qui est à protéger. L'organisation de l'espace économique local doit se baser sur les potentialités de chaque entité et tenir compte de la position de l'entité sur la cartographie des infrastructures de communication du pays. Il faut, dans un premier temps, que chaque entité soit capable de produire les biens et les services de première nécessité au niveau local pour couvrir les besoins locaux. Dans la suite, envisager la possibilité d'accéder aux marchés locaux, provinciaux, nationaux et internationaux.

Après avoir consolidé la production et s'être assuré de la capacité à satisfaire les besoins locaux, il serait dans la suite important d'initier la mise en place de l'industrie de transformation des produits locaux. Il faut que les industries soient diversifiées et répondent aux besoins locaux. Il serait irrationnel de penser une économie qui concentre les industries dans certains espaces sans que l'on privilégie la diversité productive de l'économie nationale qui finalement n'est qu'un ensemble de diversités locales. Pour cela, il faut que l'organisation économique soit concertée.

Si dans la première phase, il faut organiser et gérer les productions sur base d'une planification qui se fait au sein des entités décentralisées de base, il serait important, dans la deuxième phase, de penser l'organisation et la gestion de l'économie sur base des entités déconcentrées (groupement et village). Dans cette deuxième phase, nous supposons que la production sera déjà maîtrisée au sein de l'entité décentralisée de base. Pour diversifier cette production, il sera question de renforcer le travail au niveau des villages et les transformer en véritables espaces de production économique.

4.5. La démocratie concertée pierre angulaire du pluralisme sociopolitique

La démocratie concertée est un point de convergence du pluralisme sociopolitique. Elle favorise et privilégie les intérêts de tous. Le travail en concert des entités locales administratives du pouvoir public vise toujours le bien-être de la population. Dans la logique des relations internationales contemporaines et de la gestion efficace de la chose publique, la gouvernance, la recherche du consensus veut dire, agir en concert. La concertation ou le procédé de la palabre sous l'arbre de nos sociétés traditionnelles africaines privilégie l'harmonie, le bien-être et l'ordre social au sein d'une république démocratique.

La démocratie concertée concerne d'abord le pouvoir public qui doit prendre en compte le point de vue des différentes structures, institutions publiques et privées au sein du territoire. Il privilégie la concertation au niveau sectoriel, la recherche des solutions aux problèmes sociaux sur base des concertations entre la vie traditionnelle et la vie moderne de l'Etat. Il s'agit précisément de bien penser : les relations entre la médecine traditionnelle et la médecine moderne, le droit traditionnel et le droit moderne, les religions traditionnelles et les religions modernes...

La démocratie concertée marche toujours de pair avec les innovations, les réformes, la créativité. Sur base du débat social engagé ou alors sur base du contexte sociopolitique que connaît la société concernée, les innovations les réformes et la créativité peuvent être engagées pour contribuer à l'amélioration des conditions de vie de la population, à réaliser la liberté et l'égalité souhaitées au sein de la république.

Rappelons que la démocratie concertée a l'avantage de produire des lois acceptées par tous, qui conduisent aux décisions rationnelles et productives privilégiant l'intérêt de la population locale, régionale et nationale. La démocratie concertée évite de toute façon des actions unilatérales. La seule faiblesse de la prise de décision concertée et qu'elle ne peut pas se faire dans un contexte d'urgence. La dynamique de concertation insiste sur le rôle que doit jouer le leader au sein de la société. Ce rôle est comparable à celui du chef d'orchestre qui seul ne peut pas produire toutes les notes musicales voulues pour une œuvre. A moins qu'il soit question d'une œuvre en solo. Mais dans le cas contraire, c'est seulement avec le groupe que le chef d'orchestre est capable de présenter une œuvre harmonieuse, complète et parfaite aux spectateurs. Quant au groupe, s'il chante d'une manière désordonnée sans observer les consignes du maître, sans la présence d'un chef d'orchestre responsable et compétent, il lui sera difficile de produire une œuvre géniale. La vie sociopolitique en Afrique, en Europe, en Asie et partout ailleurs doit être comprise par cette analogie. Le leader politique, chef d'orchestre, doit avoir une bonne oreille et le sens de l'ordre pour bien placer les membres du chœur. L'homme qu'il faut à la place qu'il faut. Dans le cas contraire, la cacophonie va s'installer et aucune œuvre agréable ne sera possible.

4.6. La démocratie concertée lieu de promotion des politiques publiques de développement

Dans les pays africains en général et en République Démocratique du Congo en particulier, les politiques publiques sont obstruées par deux sortes de tribalisme qui caractérisent encore la vie en société. Le tribalisme classique et le tribalisme moderne, qui ne sont que deux faces d'une même monnaie. Des indépendances jusqu'à nos jours, le tribalisme classique a causé beaucoup de dégâts. Au lieu d'être anéanti pour créer un espace républicaine, ce tribalisme est renforcé par un autre tribalisme appelé moderne.

Par tribalisme classique, nous entendons l'identité tribale sur laquelle certaines personnes fondent toute leur vie, leurs relations, leurs activités dans la société. Le tribalisme est le petit-fils du racisme. De la même manière que le racisme a fait des dégâts au niveau mondial, de la sorte aussi le tribalisme crée des marginalisés, des inégalités et de la pauvreté au sein des Etats Africains.

Le tribalisme est un mal qui crée des problèmes de manière continue au sein de la société. Les groupes tribaux veulent s'accaparer le pouvoir pour contrôler les richesses et les moyens financiers. Cet état de chose n'offre pas de bonnes conditions de vie à tous les citoyens. Il y a des favorisés, d'un côté et des marginalisés, de l'autre. Les plus habiles manipulent les moins habiles. Ainsi, il y a différentes sortes de misères sociales à cause du tribalisme.

Le comportement tribal est cyclique dans la plupart des cas. Ceci veut dire que ceux qui se trouvent dans la périphérie aujourd'hui, peuvent s'organiser pour prendre le pouvoir demain. Et quand les marginalisés d'hier arrivent au pouvoir, la première des choses qu'ils font est de se servir d'abord en marginalisant ceux qui étaient au pouvoir. Ainsi continue le cycle vicieux au détriment de la gestion efficace de l'espace public commun.

L'équation de la logique tribalo ethniques dirigeantes peut se résumer en ceci : soit les membres des groupes X, Y et Z. Quand les membres du groupe X ont le pouvoir, les membres du groupe Y et Z sont marginalisés, ils vivent dans la misère et ils se battent pour accéder au pouvoir. Et quand les membres du groupe Z accèdent au pouvoir, les groupes X et Y passent leur temps aux enfers et se battent pour accéder au pouvoir. C'est ce que nous appelons politique d'autodestruction qui a largement contribué à une crise multiforme au niveau du continent africain. La démocratie concertée prône l'amour du travail bien fait et la diversité des activités au sein de la société. En République Démocratique du Congo, tout le monde veut devenir député pourquoi ? Plusieurs motifs expliquent cet engouement : Enrichissement facile, honneur, facilité financière et matérielle, garantie d'avoir 5 ans de salaire assuré. L'engouement qu'il y a eu lors des élections législatives de 2011 et le nombre exagéré des candidatures ont obligé tout congolais préoccupé par l'avenir du pays à se poser les questions sur la nécessité de former le citoyen congolais à la compréhension du rôle et de la place de l'homme politique au sein de la société.

Est-ce que tout le monde comprend bien la politique pour y aller chercher de l'emploi ? Préoccupé par cette question comme tout autre congolais, j'avais posé la question à un Professeur Kenyan dans une rencontre internationale, je voulais savoir le secteur de vie qui attirait plus les Kenyans au cours de dernières années. La réponse du Professeur était sans contours, les Kenyans sont plus intéressés aux activités économiques et commerciales, petites ou grandes soient-elles. Ils sont moins attirés par la politique.

L'Afrique en générale et la République Démocratique du Congo en particulier ont besoin d'une classe politique pleinement responsable, convaincue et engagée. Une classe politique responsable de ses actes devant le peuple, préoccupé du bien-fondé des actes qu'ils posent pour améliorer les conditions de vie de la population et engager à changer positivement les sociétés dans différents secteurs. Pour y arriver, il faut des politiques publiques sectorielles capables d'apporter le changement positif. Faute d'initiative et de créativité nous assistons au gaspillage des moyens financiers qui doivent énormément contribuer au développement du pays. Il y a nécessité de promouvoir les politiques publiques de développement pour sortir nos sociétés de la misère actuelle. Il faut un engagement à la fois des politiques et des scientifiques pour y arriver car les politiques publiques « visent notamment à contribuer à la résolution des problèmes, en niant ainsi la dichotomie entre le savant et le politique, pour proposer un savoir engager[31].»

4.7. La démocratie concertée face à la réforme de l'Etat

Face à la dynamique nouvelle qui est en cours au niveau global, il est important d'imposer à la société africaine une vision nouvelle qui pousse chaque citoyen à prendre ses responsabilités là où il est. Cette dynamique de prise de conscience personnelle conduira absolument à la prise de conscience collective. Nous estimons qu'il n'y a pas de prise de conscience collective sans prise de conscience individuelle.

D'où l'importance de partir de l'individu pour aboutir au développement local au global. Le processus de décentralisation actuel en Afrique doit évidemment partir de ce postulat qui veut que l'on aille du plus petit au plus grand pour que le processus de développement soit réel et effectif au sein de nos sociétés.

4.7.1. Réformer l'Etat pour mieux vivre ensemble

Le vivre ensemble est un aspect de la vie sociétale que le pouvoir public doit toujours renforcer au sein de la société. La population doit s'accepter mutuellement au niveau local et national. Pour arriver à cet objectif, l'école doit assumer pleinement son rôle et remplir sa mission républicaine car pour construire une république, affirme Ferdinand Buisson, il faut

---

[31] KUBLER, D., et De Mailard, J., *Analyser les politiques publiques,* éditions Presses Universitaires de Grenoble, Paris 2009.

commencer d'abord par former les républicains, une tâche qui revient bien entendu à l'école[32] qui doit inculquer aux citoyens l'esprit républicain, une volonté de vie en société. Il revient à l'école de doter les citoyens des capacités élémentaires, les aider à comprendre les enjeux sociopolitiques d'une république. Il faut cependant rappeler que la volonté de vivre ensemble, la vie en société n'éradique pas toutes les rivalités internes qui sont des réalités permanentes au sein des Etats modernes. « En effet, toute nation est normalement divisée par des rivalités internes plus ou moins marquées selon les périodes (rivalités de classe, rivalités religieuses, etc.) et ce n'est que lorsque le territoire national est directement menacé que ces rivalités s'apaisent provisoirement[33].» Ces rivalités peuvent être de temps en temps contrôlées et gérées par les autorités publiques qui doivent se concerter régulièrement pour aborder des questions d'intérêt commun, les traiter ensemble pour baisser les tensions sociales existantes.

Pour le cas de la République Démocratique du Congo, c'est dans ce cadre-là qu'a été mise en place, la conférence des gouverneurs de province. Cette conférence « participe à la consolidation de l'unité, de la paix, et de la solidarité nationale et assure une bonne harmonie entre le pouvoir exécutif national et les provinces, d'une part, et celles-ci entre elles d'autre part[34].» A travers ce cadre de rencontre entre les

---

32 PEILLON, V., *Une religion pour la république. La foi laïque de Ferdinand Buisson*, éditions de Seuil, Paris, 2010, p. 195.

33 LACOSTE, Y., *La géopolitique et les rapports de l'armée et de la nation,* In Hérodote, n° 116, Editions la Découverte, Paris, 2005, p. 6.

34 JOURNAL OFFICIEL DE LA REPUBLIQUE DEMOCRATIQUE DU CONGO, *Loi organique n° 08/015 du 07 Octobre 2008 portant*

pouvoirs publics, la société congolaise a la possibilité d'anticiper les conflits et de dissiper les malentendus qui peuvent naître au niveau interne de l'Etat.

Le système juridique de l'Etat est constitué des institutions qui œuvrent pour la paix, l'égalité et la sécurité de tous les citoyens. Il protège la société contre les abus de tout genre et veille à l'ordre et à la sécurité en assurant la justice de façon égale à tous les citoyens. Cependant, dans une république démocratique, il est important d'être vigilent car l'égalité formelle des droits entre citoyens et la liberté politique économique et sociale masquent dans certains cas les rapports de force au lieu de les supprimer. La tâche du pouvoir politique est alors d'instituer des structures politiques économiques et sociales fondées sur des rapports équitables et équilibrés entre les citoyens. La faiblesse reconnue à la pensée démocratique contemporaine est qu'elle ne pose pas d'habitude des questions en rapport avec les structures sociales[35]. Face à cette faiblesse du pouvoir démocratique, la démocratie concertée apporte sa contribution, il favorise l'instauration de l'équilibre social à partir de la justice distributive des revenus au sein de l'Etat. L'organisation juridique au sein d'un Etat unitaire décentralisé en Afrique peut être lue sous deux formes. L'organisation verticale et l'organisation horizontale. L'organisation verticale du pouvoir législatif est unique. Le niveau national, le niveau régional et le niveau local sont tous soumis à un même régime juridique de manière globale. Le contexte est

---

modalités d'organisation et de fonctionnement de la conférence des gouverneurs de province, numéro spécial, Kinshasa, 10 Octobre 2008, p. 2.

35 PEILLON, V., *op cit.*, p. 73.

différent de ce qui se passe dans un Etat fédéral où l'organisation juridique diffère au niveau des Etats fédérés, deuxième niveau. Quand à l'organisation horizontale, en Afrique et surtout au niveau des entités locales, il y a l'existence du droit coutumier.

La présence de deux systèmes juridiques concurrents au niveau des entités locales pose problème. Il est temps de chercher à harmoniser le contenu de ces deux systèmes juridiques au niveau des entités locales des Etats. Il faut arriver à mettre en place un système juridique qui intègre les éléments du droit traditionnel et les éléments du droit moderne pour éviter la cacophonie dans l'application du droit au sein de la république.

Sur le plan théorique, il n'est reconnu qu'au seul pouvoir central la capacité d'organiser et de gérer le pouvoir judiciaire sur toute l'étendue de la République. Mais les réalités pratiques contredisent dans la plupart des cas cette affirmation en ce sens que la reconnaissance du pouvoir coutumier offre à toutes les entités coutumières la possibilité d'user de leur législation coutumière conforme ou pas à la constitution.

En République Démocratique du Congo par exemple, l'article 207 de la constitution stipule que « que l'autorité coutumière est reconnue. Elle est dévolue conformément à la coutume locale, pour autant que celle-ci ne soit pas contraire à la constitution[36].» Cette affirmation est à notre avis proche de la logique fédérale de l'Etat et s'éloigne trop de la logique d'un Etat unitaire décentralisé. Car

[36] JOURNAL OFFICIEL DE LA REPUBLIQUE DEMOCRATIQUE DU CONGO, *Constitution de la République Démocratique du Congo*, op cit., p. 71.

chaque entité locale coutumière peut considérer ses traditions et coutumes comme un droit à part entière au sein de l'Etat bien que l'Etat lui-même prévoie un pouvoir judiciaire unifié. C'est évidement à ce niveau qu'il faut faire recours à l'harmonisation des droits existants dans le territoire pour n'avoir qu'un système juridique viable, il faut penser un rapprochement des coutumes et des traditions.

Le processus de décentralisation en cours est une opportunité pour résoudre plusieurs aspects qui posent problème dans la construction de l'Etat africain moderne. Le processus de décentralisation congolais appelé aussi régionalisme politique congolais ressemble fort mutatis mutandis à celui du système italien, espagnol, portugais et britannique[37]. Ce qui fait qu'il soit à cheval entre une décentralisation classique et le fédéralisme.

La démocratie concertée permet que plusieurs sortes de changements s'opèrent au sein de la société. Ces changements profonds dans la vie sociopolitique sont nécessaires car ils ouvrent des nouvelles voies, ils présentent des nouvelles solutions aux problèmes de la société à travers le mécanisme de la continuité vis-à-vis du passé, de la créativité et des inventions à opérer face au présent.

4.7.2. La démocratie concertée face aux ruptures, aux continuités et aux innovations sociopolitiques à opérer

La nouvelle société africaine doit être une société où la fédération des efforts au niveau local et national est

[37] VUNDUAWE te PEMAKO, « La dynamique de la décentralisation territoriale en République Démocratique du Congo(2) », *in Congo-Afrique*, Cepas-Kinshasa, N° 433 Mars 2009, p. 170.

exigée pour la survie de l'Etat. Fédérer les efforts veut dire procéder par une concertation régulière et permanente au niveau des entités qui composent la société. Pour produire de bons résultats, la concertation doit envisager des ruptures par rapport à certaines pratiques du passé, favoriser la continuité des pratiques et des valeurs qui soutiennent le développement de la société et enfin inventer des dynamiques nouvelles qui vont dans le sens de la nécessité à s'adapter au contexte sociopolitique internationale dans lequel doit évoluer la société congolaise.

Cette dynamique qui procède par rupture, continuité et innovation doit développer les capacités et l'environnement favorable à cette triple exigence. Le changement dans la société humaine s'opère toujours à partir de certaines ruptures avec des valeurs et comportements du passé, des inventions nouvelles et la continuité des valeurs et comportements du passé. Que le changement s'opère par le biais d'une lente évolution ou encore par une profonde révolution, la société se caractérise toujours par le changement émanant de cette triple exigence.

Deux préoccupations clés peuvent être prises comme des piliers incontournables pour une bonne organisation et gestion de l'Etat en Afrique. Il s'agit bien entendu de la dimension matérielle et immatérielle nécessaire pour la construction de tout Etat moderne[38] ou encore la mise en place des institutions publiques rationnelles et des valeurs sociopolitiques républicaines et démocratiques.

---

[38] TAMBWE, Eddie., "RDC, 2011-2016: Poursuite et accélération des réformes de l'Etat », in : *RD Congo 2006-2011, ce qui a changé*, L'Harmattan, Paris, 2011, p. 35.

Il n'est pas question ici de traiter séparément ces deux piliers, mais au contraire de faire de sorte qu'ils aillent toujours ensemble. Les institutions de l'Etat doivent être construites sur base de certaines valeurs qui généralement doivent être des valeurs républicaines et démocratiques. Sans institutions rationnelles, efficaces et des valeurs sociopolitiques solides, il est difficile de construire une république démocratique. Les questions institutionnelles et celles de valeurs doivent être examinées avec plus d'attention afin de décider des possibilités de la rupture, de la continuité ou de l'invention à opérer.

Il faut dans certaines mesures avoir le courage d'opter pour une rupture totale avec des valeurs qui n'ont aucun contenu républicain, opter pour la continuité des valeurs qui appuient et donnent vie à la république et enfin inventer de nouvelles valeurs capables de soutenir et accompagner la vie de la république démocratique. Le choix de la rupture, de la continuité et de l'innovation de nouvelles valeurs dans l'efficacité et la rationalité doit être placé au centre de la dynamique sociopolitique de la nouvelle société africaine à émerger.

La construction des Etats modernes est une réalité dynamique ; elle est une sommation des actes qui permettent à ce que la population vivant dans un territoire donné améliore ses conditions de vie sur base des actions concrètes. La fondation de l'Etat repose rarement sur un acte unique. Elle est un processus à court, moyen et long terme qui fait qu'un peuple habitué à vivre les réalités sociopolitiques et économiques heureuses et malheureuses finit avec le temps par mettre sur pied un projet commun de la société si et seulement si les velléités séparatistes ne l'emportent pas. Construire l'Etat est un long processus d'accumulation d'actions. Sur base des actions majoritairement positives, il est permis d'espérer voir naître une république démocratique sur un territoire donné.

Il faut partir du consensus établi sur certains éléments communs, certaines valeurs communes qui permettent de poser les bases solides de la république. L'accent doit être mis sur ce qui unit et ce qui permet de fédérer les forces ; une dynamique qui fait que le développement soit pensée dans une logique d'unité dans la diversité. Une logique qui fait montre aux entités de l'Etat qu'aucune d'entre elle ne peut avancer seul sans travailler d'une manière ou d'une autre avec le voisin proche ou lointain.

Toujours dans ce processus, il y a des éléments qui doivent faire objet de rupture ou continuité. Parmi ces éléments nous citons : les éléments de la tradition, les éléments de la société actuelle qui sont hybrides mi-moderne mi- tradition et les éléments de la modernité. Le travail à faire doit toucher toute la société. Spécialement, les acteurs politiques, les acteurs de la société rurale et traditionnelle, les acteurs de la société civile et scientifiques doivent réunir les matériaux nécessaires pour poser les bases de la nouvelle société à émerger[39].

L'Afrique doit examiner les réalités locales et proposer des théories d'organisation et de gestion adaptée. Il faut un pouvoir public et une administration qui travaillent pour apporter le changement et l'accompagner en lieu et place d'une administration qui

---

39 KAIMWA MANENO, B., " Le processus de décentralisation en RDC : Ce qui a été fait , ce qui reste à faire," *In* DIKANGA KAZADI, J.M., *RD Congo, 2006-2011 ce qui a changé*, L'Harmattan, Paris, 2011, p.124.

travaille pour conserver les structures du pouvoir public sans s'adapter au changement en cours. Il est important d'observer et prendre en compte les changements sociaux pour envisager dans la suite la construction des nouvelles conditions de vie à partir des vérités observées et vécues sur terrain et non partir seulement des théories scientifiques qui parfois oublient et marginalisent les réalités qui, dans la plupart des cas, restent têtues[40].

La société africaine engagée dans le processus d'évolution vers le changement et la transformation doit passer par le chemin de la rupture, de la continuité et de l'invention. La réussite de son processus du changement dépend de sa capacité à opérer des choix judicieux dans cette triple exigence étant donné que la vie sociopolitique actuelle de la société exige effectivement que soient opérées certaines ruptures par rapport au passé, assurer la continuité des valeurs et éléments acceptés et enfin ouvrir la voie à des inventions en tenant compte de la dynamique à la fois nationale et internationale. Quelles sont alors les ruptures qu'il faut opérer dans le processus de construction de l'Etat ?

4.7.2.1. La démocratie concertée face aux ruptures sociopolitiques à opérer

Le contexte de notre temps fait que le monde soit considéré comme un village planétaire. Face aux grands bouleversements qui caractérisent la société planétaire, la rupture au sein d'une société, avec certaines valeurs ne peut être qu'une nécessité. Il est

---

[40] MBEMBE, A., *Afriques indociles. Christianisme, pouvoir et Etat en société postcoloniale,* Paris, Editions Karthala, 1988.

important de couper les liens entre certains éléments du passé et la vie nouvelle dans laquelle une société s'est engagée. Remplacer les valeurs anciennes par de nouvelles valeurs.

Pour le cas de l'Afrique, il est plus question de répertorier les valeurs des sociétés traditionnelles négatives pour les abandonner. Qu'est-ce qu'il faut abandonner concrètement dans le mode organisationnel et de gestion de cette société pour que la rupture nous soit efficace ? Que faire pour qu'il y ait effectivement une révolution dans ce processus d'évolution ? Quoi faire pour que la république œuvre pour tout le monde, planifie pour tout le peuple[41] et met les moyens nécessaires à la portée de tous ?

La liberté des individus est un élément important dans la vie de toute république. La liberté d'esprit est la première forme de liberté que doit acquérir toute personne. Il est important que chaque citoyen pense librement. Cette première liberté qui est celle de notre esprit ou encore la liberté intérieure est considérée par Ferdinand Buisson comme une République intérieure, nécessaire pour l'effectivité de la république démocratique qui a la charge d'assurer l'égalité des citoyens au sein de l'Etat[42]. La force d'une république provient de l'esprit républicain de ses citoyens, de leur disposition intérieure à œuvrer pour la république.

La construction de la République passe par l'esprit de liberté et d'initiative de ses citoyens. Pour le cas de la République Démocratique du Congo, nous avons découvert dans nos enquêtes que plusieurs chefs

---

[41] MORAVIA, A., *La révolution culturelle de Mao*, éditions Flammarion, Paris, 1968, p. 56.

[42] PEILLON, V., *Une religion pour la république, la foi laïque de Ferdinand Buisson*, Editions Seuil, Paris, 2010, p. 271.

coutumiers considèrent les citoyens sous leur administration comme leurs sujets, ils les obligent à obéir aveuglement aux ordres qui de fois vont à l'encontre de l'intérêt public. Nous avons observé que certains chefs coutumiers imposent des limites aux activités d'agriculture et d'élevage sans aucun motif valable[43]. Il faut rompre avec toutes ces pratiques, il faut mettre fin aux décisions arbitraires et illégitimes prises par les chefs coutumiers. A partir du moment où aucune motivation rationnelle n'explique pourquoi les chefs coutumiers doivent empêcher à certains citoyens de cultiver librement, il faut les empêcher de continuer à prendre des décisions irrationnelles. Ceci conduit à la réalité telle qu'il y a moins de produits agricoles dans certaines entités bien que ces entités disposent des grands espaces de terre arable non exploité et des hommes capables de mettre à la disposition de la société des produits agricoles pour la consommation locale.

Cette attitude provoque au niveau local une crise non seulement alimentaire, mais aussi sanitaire et économique. Nous comprenons par-là que l'absence de certaines libertés au niveau local, la dictature du pouvoir coutumier dans certaines matières sont des pratiques qu'il faut définitivement bannir, si nous voulons construire une république au sein de laquelle la vie aura la peine d'être vécue. Il faut en finir avec la culture de laisser agir paisiblement les petits dictateurs locaux au sein des chefferies, des groupements et des villages. Cette rupture ne peut être effective que si le pouvoir public chargé de gérer les différents services

---

[43] KAIMWA MANENO, B., *Enjeu de la décentralisation en RDC, organisation et gestion des entités de base secteur et chefferie*, Edition l'Harmattan, Paris, 2014, p. 171

locaux est capable de mettre en place des nouvelles structures et institutions locales en remplacement des structures et institutions anciennes. Il faut aussi souligner ici que l'emprise des religions sur les consciences des citoyens est un mal qui ronge les sociétés africaines.

L'absence de liberté chez la femme et l'inégalité entre homme et femme sont aussi des réalités qui exigent une rupture entre le passé et le présent en construction. Il faut construire des nouveaux rapports, des nouvelles relations entre homme et femme dans la société africaine. Il s'observe toujours des inquiétudes au sein de nos sociétés en rapport avec la chosification de la femme dans les milieux ruraux surtout. Certaines personnes ne tardent pas à affirmer que dans certains milieux ruraux africains, la femme est encore traitée comme les biens meubles d'une maison[44].

Dans le processus de construction d'un Etat et dans tout processus de décentralisation du pouvoir, la fédération des efforts et la création de plusieurs espaces de concertation sont exigées. Il faut placer tous les citoyens dans des conditions d'égalité. Il faut chercher à mobiliser les efforts de tout un chacun pour construire le pays. Il faut bannir pour cela les coutumes et traditions qui tendent à marginaliser les femmes dans la société. Rompre avec les pratiques qui veulent que la femme ne s'occupe que du ménage. Nous devons désormais considérer la femme comme un citoyen à part entière, il faut lui donner un rôle important dans la société.

---

[44] KAIMWA MANENO B., *Organisation et gestion du secteur ou de la chefferie, entité décentralisée de base dans le processus d'autonomie et de décentralisation de la République Démocratique du Congo*, Thèse de doctorat, Universidad de Deusto, 2013, p. 155.

Dans la suite, il est important de promouvoir la liberté de pensée et permettre que toute personne ait la capacité d'accéder à la raison sans aucune peur, aucun obstacle. Nous avons montré ci haut comment la pensée traditionnelle et la pensée religieuse sont malheureusement utilisées pour dominer et contrôler la population africaine. La rupture avec les conceptions à la fois traditionnelles, religieuses et populaires qui bloquent l'épanouissement complet de la personne et donc de la population africaine est une exigence importante sans laquelle, il n'est pas possible de parler du développement local, du développement social et humain. Et donc d'un Etat moderne au sens républicain et démocratique.

Il est important d'œuvrer dans ce sens et faire de sorte que la liberté d'expression soit effective. Une liberté bien entendue sous les limites imposées par la constitution. Aucune institution, publique ou privée, ne doit bafouer ces libertés. Nous pouvons facilement croire que c'est le pouvoir public qui bafoue les libertés des populations. Nous oublions rapidement les problèmes que posent les institutions traditionnelles et religieuses qui empêchent, sur base de leurs dogmes, l'usage de plusieurs libertés individuelles.

N'est-il pas dit que « celui qui s'est mesuré à la parole sacrée pourra se mesurer sans crainte ni tremblement à toutes les paroles profanes ?[45]» Pour participer avec plus de rationalité au débat démocratique engagé dans une république, il ne faut pas avoir peur ni des traditions ni des religions. Ce que nous disons ici ne va pas dans le sens de marginaliser la foi au contraire, nous voulons la rendre utile pour la

---

[45] PEILLON, V., *La voie. Pour l'avenir de l'humanité,* Editions Fayard, Paris, 2011, p. 203.

République étant donné que les grandes figures de la foi comme Jésus Christ et Bouddha œuvraient par leurs actes et messages pour la construction de la République.

La liberté de pensée concerne aussi bien le monde politique, économique et religieux sous l'ordre établi bien entendu. Toutes ces libertés aident la société à avancer vers une vie nouvelle. Vivre, nous dit Edgar Morin, « c'est vivre en tant qu'individu affrontant les problèmes de sa vie personnelle, c'est vivre en tant que citoyen de sa nation, c'est vivre aussi dans son appartenance à l'humain[46].» Tout citoyen doit être formé pour acquérir une éducation qui se veut totale et complète qui lui donne la force intellectuelle, morale et spirituelle de questionner les réalités de la société et d'y apporter des solutions pratiques.

La promotion de l'égalité et de liberté doit être une tâche de l'école. Le système éducatif africain doit rompre avec ses attitudes élitistes pour s'engager dans la recherche des solutions aux problèmes de la société. Il s'agit ici d'un système éducatif qui se veut républicain. La préoccupation centrale du système éducatif doit être celle de sortir le peuple africain de la culpabilité et le faire accéder à la responsabilité sans recourir à des mysticismes de quel type qu'il soit[47]. Il s'agit ici de poser les bases solides d'une intelligence sociale et institutionnelle qui conduira à l'érection de l'Etat moderne républicain et démocratique.

Ces bases obligent un regard sérieux que nous devons avoir à la fois sur le monde profane et religieux.

---

[46] MORIN, E., *La voie. Pour l'avenir de l'humanité,* Editions Fayard, Paris, 2011, p. 152.

[47] MORIN, E., *"Maintenir l'exigence critique",* in Monde des religions, mai-juin 2008, p. 82.

Ceci parce que l'histoire de notre société est une histoire profane des hommes qui construisent leur destin non prédéterminé. Il faut des actions positives continues qui ne laissent pas la place à l'accident[48] et au hasard. Il faut un travail qui permet à ce que nous puissions léguer aux générations futures des sociétés africaines plus belles. Nous ne souhaitons pas qu'il y ait une crise, un conflit entre le religieux et le profane si nous savons dès le départ que « l'histoire de la religion est une histoire du progrès de la conscience humaine, toute religion qui dure, ne dure qu'à condition de se perfectionner moralement[49].» De ce fait, il est important que la religion tienne toujours compte du contexte sociopolitique où elle veut apporter sa contribution. La réalité sociale nous renseigne que « le milieu social est à juste titre le plus décisif pour la foi, le plus décisif pour configurer le mode de penser christologique et ceci exige et provoque parfois la rupture épistémologique[50].» Il faut une rupture avec des conceptions religieuses qui font obstacle à l'implication effective de la population dans la vie publique pour accroître son bien-être physique, morale et spirituel dans la société.

Dans cette péripétie de construire des espaces publics pour tous en Afrique, des véritables républiques démocratiques, le danger ne vient pas seulement des milieux traditionnels et religieux, il peut aussi venir des milieux publics. Il faut éviter d'écraser les libertés fondamentales des personnes par des abus émanant du pouvoir public. « Ne nous trompons pas,

---

[48] PEILLON, V., *op. cit,* p. 265.
[49] *Idem,* p. 242.
[50] CRISTIANISMO I JUSTICIA, *Comentario a la notificación sobre Jon Sobrino*, Barcelona, n° 148, junio 2007, p. 19.

credo de l'Eglise ou credo de l'Etat, c'est également la mort de l'esprit[51].» L'école, la religion, la famille et tous les autres acteurs de l'éducation doivent œuvrer pour doter le citoyen d'un esprit républicain qui privilégie les valeurs comme l'amour, le travail, la justice, l'égalité, la liberté. Que chacune de ses institutions évite d'imposer des connaissances dogmatiques au citoyen.

C'est à l'Etat de donner à l'école le mandat d'atteindre l'objectif d'inculquer les valeurs républicaines aux citoyens. Car la grandeur d'un Etat doit partir de l'image que se font les citoyens sur l'Etat, la représentation mentale qu'ils nourrissent de l'Etat. Cette représentation mentale est d'habitude nourrie par le discours ou message que le citoyen reçoit de la part des intellectuels, de l'école ou encore de l'Eglise[52] ; voilà pourquoi il est important que les discours divers qui sont produits au sein de l'Etat et de ses institutions publiques ou privées aient certains éléments communs reconnus par tous pour consolider l'union nationale.

Enfin, les administrations publiques africaines sont caractérisées par un vieillissement des ressources humaines et matérielles et l'absence des moyens financiers nécessaires. La nouvelle dynamique dans laquelle doivent s'engager les Etats exige une rupture avec cette ancienne image de l'administration vieillissante. Il faut donner une dynamique nouvelle qui répond aux exigences actuelles et aux nécessités du changement ; il faut moderniser l'administration

---

[51] PEILLON, V., *op. cit*, p. 268.

[52] LACOSTE, Y., *La géopolitique et les rapports de l'armée et de la nation*, in Hérodote, Paris, Edition la Découverte, n° 116, 2005, p. 7.

publique, la doter des moyens nécessaires pour son fonctionnement efficace.

4.7.2.2. La démocratie concertée face aux continuités sociopolitiques à privilégier

Dans l'analyse des sociétés contemporaines, l'évolution, la continuité, la discontinuité, la contingence[53], les métamorphoses[54] sont devenues des modèles explicatifs importants qui aident les scientifiques à expliquer le monde. Dans toute dynamique de changement social, qu'elle soit une évolution ou une révolution, il y a toujours certains éléments organisateurs du passé qui sont nécessaires pour la nouvelle société en construction. La préservation des éléments du passé évite des ruptures totales qui peuvent parfois laisser des vides impossibles à combler. Dans la partie introductive de cet ouvrage nous avons évoqué les écrits d'Alexis de Tocqueville, la démocratie en Amérique. Dans ces écrits, l'auteur parle de la continuité de certains éléments du passé dans la société américaine postrévolutionnaire. Ces éléments du passé, avons-nous vu, étaient pris comme des supports moraux ou alors des principes de base dans le processus de construction de la nouvelle société. Ceci veut dire que le changement social, qu'il soit basé sur une évolution ou une révolution, s'appuie toujours sur certains éléments qui doivent assurer la continuité entre le

---

[53] AMEISEN, J. C., *Dans la lumière et les ombres. Darwin et le bouleversement du monde*, Editions Fayar/Seuil, Paris, 2008.
[54] MORIN, E., *La voie. Pour l'avenir de l'humanité*, Paris, Editions Fayar, 2011.

passé, le présent et l'avenir bien qu'il peut y avoir des petits amendements dans le fond de ces éléments.

Le processus de construction du nouvel ordre sociopolitique en Afrique et partout ailleurs ne peut pas se passer de tous les éléments des sociétés anciennes. Il y a des éléments organisationnels du passé qui peuvent aider à la construction de la nouvelle société. Ces éléments des institutions anciennes, des valeurs anciennes peuvent aider au renforcement et à l'amélioration de la cohabitation pacifique entre les citoyens.

En Afrique, parmi les institutions et les valeurs à privilégier, nous citons la pratique de l'arbre à palabre qui est une institution traditionnelle qui facilite le dialogue et la résolution pacifique des conflits au sein de la société[55]. Pour ce qui est des valeurs, il est important d'encourager l'esprit sociétal traditionnel. La volonté d'œuvrer pour une société soudée, solidaire au sein de laquelle le principe de justice oblige le partage équitable et égalitaire des richesses et la jouissance collective de l'apport de chaque membre au sein de la société[56]. Il s'agit ici d'un communautarisme et d'une solidarité responsable qui aide nos sociétés à consolider les relations sociales entre citoyens et entités locales.

L'importance du communautarisme et de la solidarité ne sont plus à justifier dans nos sociétés contemporaines en ce sens qu'au sein des sociétés occidentales largement développées, l'individualisme « a détruit les solidarités traditionnelles sans en créer des nouvelles, d'où la multiplication des solitudes

---

[55] ECONOMIC COMMISSION FOR AFRICA, *Relevance of African traditional institutions of governante*, ECA, Addis Abeba, 2007, p.3.
[56] NGOMA BINDA, *op. cit*, pp. 105-106.

individuelles[57] » et les conséquences qui en découlent. Maintenir le communautarisme responsable et entretenir la solidarité au sein de la nouvelle société africaine à construction est une nécessité qui contribuerait au bien-être de la population. Nous devons éviter que le but final de la construction de l'Etat soit uniquement orienté vers une croissance de la production et de la consommation sans nous interroger sur ce que serait les relations sociales au sein de la nouvelle société en construction.

La dynamique de rupture et celle de continuité ne trouvent un sens profond que si elles se font accompagner d'une dynamique d'invention en ce sens qu'il ne faut pas seulement décider de rompre avec certaines valeurs, certaines pratiques ou certains comportements, mais avoir la capacité d'inventer de nouvelles valeurs ou de nouveaux comportements.

4.7.2.3. La démocratie concertée face aux innovations sociopolitiques à introduire

L'Afrique est dans une période de crise sociopolitique qu'elle vit depuis des années. Au centre de cette crise, nous l'avons déjà expliqué, il y a la désintégration de l'ancien mode d'organisation et de gestion de la société. Au bord du chaos, les pays africains sont en quête d'un modèle cohérent, d'une cohérence globale plus efficace[58]. C'est justement dans une période comme celle-ci qu'il faut envisager des solutions aux problèmes de la nouvelle société africaine en construction. Des innovations sous forme

---

[57] MORIN, E., *op cit*, p. 24.

[58] TAMBWE KITENGE, E., *"Pour un retour des intellectuels dans l'espace public congolais"*, in: TAMBWE KITENGE, Eddie, *RDCongo, les élections, et après ? Intellectuels et politiques posent les enjeux de l'après-transition*, Editions L'Harmattan, Paris, 2006, p. 13.

des réformes multisectorielles. Il faut inventer une nouvelle économie, inventer une nouvelle politique et une nouvelle éducation. Ces différentes réformes et inventions doivent être « corrélatives, interactives et interdépendantes[59] » pour que le résultat final soit fructueux.

Il faut une économie sociale capable de répondre efficacement aux besoins vitaux de la population. La plupart des Etats Africains depuis les indépendances jusqu'à nos jours n'ont pas encore mis en place un espace économique nationale viable. Les inquiétudes de la population locale dans le domaine économique ne font que croître. Le pouvoir public doit mieux organiser la société de sorte que toutes les activités économiques locales intègrent le marché national et que chaque producteur des biens économiques ait la possibilité d'accéder au marché dans les conditions minimales nécessaire qui l'aideront à mener paisiblement sa vie.

Pour inventer une bonne politique locale, il faut une politique de proximité qui aide à développer une dynamique locale intégrée dans la vie sociopolitique nationale. La vie dans le village vécue sur base de la tradition et de la modernité doit permettre à tout citoyen de participer activement aux affaires de l'Etat. Ainsi, il est important de mettre en place de bonnes institutions locales, une administration locale efficace qui travaillent pour le bien être de la population.

Dans cette dynamique de nouvelle invention à introduire au niveau local, l'importance d'œuvrer pour l'émergence d'une citoyenneté locale active est à souligner. Il faut dire qu'il n'y a pas de démocratie, de république sans citoyenneté responsable. Il faut

---

[59] MORIN, E., *op. cit*, p. 41.

rompre avec la réalité du citoyen sujet du chef coutumier et soumis à ses injonctions par peur des traditions et coutumes qui manifestement sont plus évoquées pour satisfaire les intérêts partisans du chef coutumier et son clan. Il faut favoriser l'émergence d'une conscience locale, une conscience qui fait de toute personne vivant au sein d'une entité locale un citoyen de cette entité bien qu'il ne soit pas né dans cette entité. C'est justement une notion moderne de la citoyenneté qui a encore de la peine à s'installer dans plusieurs milieux ruraux africains. Ces nouvelles dynamiques de renforcement de l'identité locale doivent aller dans le sens de renforcer la construction de l'Etat en Afrique.

Conclusion

La construction d'un Etat est un processus continu qui demande une compréhension claire des enjeux à la fois locaux, nationaux et internationaux. L'Afrique, à la recherche d'un Etat idéal, doit s'appuyer plus sur la conjonction des efforts de tous les citoyens afin d'aller de l'avant. Ces efforts, nous l'avons démontré, ne peuvent être mis ensemble que par les biais des concertations qui doivent être à la fois verticales, horizontales et continues.

Disons que la décentralisation est dans son essence une gestion démocratique du pouvoir au sens que le pouvoir central reconnaît la libre administration aux entités locales. Il est question ici d'une démocratie institutionnelle : autonomie financière, administrative qui œuvre pour une gouvernance générale et globale de l'Etat. Gouvernance au niveau national, gouvernance au niveau provincial et gouvernance au niveau local.

Nous soutenons que la démocratie concertée est un modèle explicatif pratique qui permet de fournir une explication globale de la gestion du pouvoir politique en Afrique. Etant donné l'importance des traditions et de la musique dans la vie de la société, partir de ce modèle explicatif donne plus d'avantages pour avancer dans le processus d'organisation et de gestion de l'Etat, sur base du dialogue permanent entre la population et le pouvoir public et dans la réalisation des actions concrètes au sein de la société. L'émergence des pays africains passe par la prise en compte multisectoriel des enjeux sociaux. Le nouvel ordre politique à côté du nouvel ordre culturel et du nouvel ordre économique, mais dans tout ceci il y a toujours un secteur qui prend le devant. C'est soit la révolution culturelle qui entraîne la révolution politique et économique : cas de la Chine, ou alors, c'est la révolution politique qui entraîne la révolution culturelle et économique cas de l'URSS et du Cuba ou enfin c'est la révolution économique qui amène la révolution culturelle et politique, cas des dragons asiatiques.

Les révolutions partout où elles se sont opérées ont survécu grâce à une évolution qui nécessite elle-même la rupture, la continuité et l'innovation. Tout ceci ne peut se faire que lorsque au sein de la société il y a une culture de concertation fondée sur la nécessité de mettre en place une société qui offre bonheur à chacun et où s'observe les principes démocratiques et républicains.

Bibliographie

1. AMEISEN, J. C., *Dans la lumière et les ombres. Darwin et le bouleversement du monde*, Editions Fayar/Seuil, Paris, 2008.

2. Centre tricontinental, *Pouvoirs locaux et décentralisation*, éditions l'Harmattan, Paris, 2014

3. CRISTIANISMO I JUSTICIA, *Comentario a la notificación sobre Jon Sobrino*, Barcelona, n° 148, junio 2007.

4. DIKANGA KAZADI, *RD Congo 2006-2011, ce qui a changé*, Paris, Harmattan, 2011.

5. ECONOMIC COMMISSION FOR AFRICA, *Relevance of African traditional institutions of governante*, ECA, Addis Abeba, 2007.

6. DOBEL, J.P., *Intégrité morale et vie publique*, éditions Nouveaux Horizons, Paris, 2003

7. HAMILTON, A., *Le fédéraliste*, Busière, Paris, 1902.

8. HOLLOWAY, J. *Changer le monde sans prendre le pouvoir*, Syllepse, Paris, 2008.

9. KABUYA LUMUNA, C., *Manuel de sociologie politique*, éd. PUK, Kinshasa, 2011.

10. KAIMWA MANENO, B. *Enjeu de la décentralisation en RDC, organisation et gestion des entités de base: secteur et chefferie*, édition l'Harmattan, Paris, 2014.

11. KAMBAYI BWATSHA, J., *Essai sur l'histoire et la con science de l'historien*, éditions MédiasPaul, Kinshasa, 2008.

12. LACOSTE, Y., *La géopolitique et les rapports de l'armée et de la nation*, In Hérodote, n° 116, Editions la Découverte, Paris, 2005.

13. MBEMBE, A., *Afriques indociles. Christianisme, pouvoir et Etat en société postcoloniale*, Paris, Editions Karthala, 1988.

14. MBEMBE, A., *Sortir de la grande nuit. Essai sur l'Afrique décolonisée*, Paris, éditions la découverte, 2010.

15. MABIALA MANTUBA, P., *La culture africaine quelques aspects positifs et négatifs*, in Congo-Afrique, numéro 436, Cepas, Kinshasa, juin-juillet-aout 2009.

16. MORAVIA, A., *La révolution culturelle de Mao*, éditions Flammarion, Paris, 1968

17. MORIN, E., *La voie. Pour l'avenir de l'humanité*, Paris, Ed. Fayard, 2011.

18. MUTAMBA MAKOMBO, *Histoire du Congo par les textes, Tome III*, Kinshasa, éditions universitaires africaines, 2008.

19. NGOMA BINDA, E., *Une démocratie libérale et communautaire pour la R. D. Congo et l'Afrique*, éditions Harmattan, Paris, 2001.

20. PEILLON, V., *Une religion pour la république. La foi laïque de Ferdinand Buisson*, Paris, éditions de Seuil, 2010.

21. PEILLON, V., *Eloge du politique, une introduction au XXIème Siècle*, éd. Seuil, Paris, 2011.

22. REMOND, R., *Armée et nation*, Editions Arthème Fayard, Paris, 1960.

23. TAMBWE KITENGE, E., *République Démocratique du Congo, les élections, et après ? Intellectuels et politiques posent les enjeux de l'après-transition*, Editions Harmattan, Paris, 2006.

24. TOCQUEVILLE, A., *Democracia en América 2*, Alianza editorial, Madrid, 2006

25. TOURAINE, A. *¿ Qué es la démocracia ?* Collection Ensayo, Madrid, 1994.

26. WEBER, M., *Ciencia como profesion, politica como profesion*, édition Espasa Calpe, Madrid, 2007.

L'Afrique
aux éditions L'Harmattan

Dernières parutions

ETHNIES, NATIONS ET DÉVELOPPEMENT EN AFRIQUE : QUELLE GOUVERNANCE ?
Actes du colloque de Brazzaville (Congo), du 26 au 28 mai 2014
Sous la direction de Hugues Mouckaga, Scholastique Dianzinga, Jean-François Owaye
En 1962, quelques années seulement après que la parenthèse coloniale eut commencé à se fermer, un agronome français, René Dumont, osa ce pronostic : « l'Afrique noire est mal partie ». Que de protestations ! Pourtant, plus de 50 ans après les indépendances, le continent africain est à la peine et patine. L'explication : la mal gouvernance. Du fait de ses ethnies, l'Afrique fait face à un épouvantable écueil ! Elle n'arrive pas à se constituer en nations ! Il importait donc d'agir, de réfléchir autour de cette problématique.
(Coll. Études africaines, 55.00 euros, 704 p.)
ISBN : 978-2-343-05785-9, ISBN EBOOK : 978-2-336-37944-9

ÉLECTIONS, VOTE ET REPRÉSENTATION POLITIQUE DES AFRICAINS DE L'ÉTRANGER
Suivi du *Guide des opérations électorales en dehors des frontières nationales*
Wongo Ahanda Antoine
Quels sont aujourd'hui les types d'élections, les mécanismes et les procédures du vote à l'extérieur adoptés par les pays africains ? Dans cet ouvrage, qui fait la synthèse des connaissances et des pratiques du vote à l'extérieur et de la représentation politique des Africains de l'étranger, l'auteur entend apporter une contribution pédagogique au processus d'appropriation de la citoyenneté externe par les États africains. Un ouvrage qui intéressera les leaders africains, les migrants africains et tous ceux qui sont impliqués dans le processus de vote à distance à travers l'Afrique et les pays d'immigration.
(Coll. Études africaines, 21.00 euros, 202 p.)
ISBN : 978-2-343-02009-9, ISBN EBOOK : 978-2-336-38129-9

MANUELS SCOLAIRES, ENVIRONNEMENT INFORMATIF ET NUMÉRIQUE AU SERVICE DE LA LECTURE
Enjeux nouveaux pour une école émergente
Thioune Birahim - Préface de Michèle Verdelhan Bourgade
Aujourd'hui, l'environnement socioculturel s'est complexifié du fait de l'émergence de technologies nouvelles qui ont envahi l'univers des apprenants et qui se révèlent, dans les espaces d'éducation et de formation, à la fois comme

des promesses d'enrichissement et des menaces. Ce livre fixe quelques contours de l'utilisation des TIC (Technologies de l'Information et de la Communication) et des limites à observer dans leur application, sous peine de mettre en péril tout un patrimoine pédagogique.
(16.50 euros, 164 p.)
ISBN : 978-2-343-06236-5, ISBN EBOOK : 978-2-336-37731-5

L'ÉCOLE, GAGE DU DÉVELOPPEMENT DE L'AFRIQUE
Zénith Laurent - Préface de Mathias Eric Owona Nguini
Si plusieurs facteurs et secteurs sont à considérer pour sortir rapidement l'Afrique de son retard, le domaine scolaire revêt une importance capitale. Malheureusement, ce levier du développement qu'est l'école regorge de nombreuses tares dans la quasi-totalité des pays subsahariens. Un système académique bien pensé participerait fortement à l'essor de l'Afrique. À partir de propos, témoignages et de cas vécus, l'auteur met à nu tous les manquements qui handicapent l'émergence de ces pays.
(Harmattan Cameroun, 16.50 euros, 158 p.)
ISBN : 978-2-343-06203-7, ISBN EBOOK : 978-2-336-38133-6

LE CAMÉLÉON ET LA MORT EN AFRIQUE
Eschenlohr Nicole
La question de la mort hante nos esprits rationnels. Pour mieux maîtriser cette angoisse existentielle, les civilisations traditionnelles ont détourné le problème en attribuant une origine à cette mort : pourquoi et comment est-elle apparue ? En réponse à ses interrogations, la mythologie africaine, riche de liens tissés entre les hommes et les animaux, a désigné un responsable qu'elle a placé au cœur de ses récits et légendes : le caméléon. Accusé de lenteur, sa défense repose sur l'inéluctabilité de la mort...
(Coll. Ethnographiques, 14.00 euros, 132 p.,)
ISBN : 978-2-343-05818-4, ISBN EBOOK : 978-2-336-37485-7

APPROCHE CRITIQUE DU DÉVELOPPEMENT EN AFRIQUE SUBSAHARIENNE
Zagre Ambroise
Le sous-développement de l'Afrique subsaharienne constitue une préoccupation majeure pour les pays concernés, la communauté internationale, les milieux intellectuels et la société civile. Cet ouvrage interroge la notion de développement et envisage l'avenir de ce sous-continent vers un nouveau paradigme de développement : l'»auto-développement humain», capacité des sociétés à se développer en comptant d'abord sur leurs forces intérieures, leur capacité de création et leurs potentialités matérielles et spirituelles.
(Coll. Politique et dynamiques religieuses en Afrique, 27.00 euros, 260 p.,)
ISBN : 978-2-343-05939-6, ISBN EBOOK : 978-2-336-37427-7

LA PRÉCARITÉ QUOTIDIENNE EN AFRIQUE DE L'OUEST
Culture et développement
Ernoux Jules - Préface de Michaël Singleton
Cet ouvrage propose des tranches de vie prises sur le vif dans la population, plutôt urbaine, de Côte d'Ivoire, de Guinée et du Niger. À l'issue de 33 séjours

riches de rencontres collectives et individuelles, l'auteur s'interroge : comment vivre au jour le jour dans le manque permanent, seulement soucieux de manger à sa faim, de sauvegarder une santé précaire, de confier ses enfants à des écoles surpeuplées, de vivre dans l'insécurité d'un pays où l'État de droit n'est qu'une illusion ?
(Coll. Écrire l'Afrique, 15.50 euros, 154 p.)
ISBN : 978-2-343-05748-4, ISBN EBOOK : 978-2-336-37417-8

LE MARKETING DE RUE EN AFRIQUE
Mouandjo Lewis Pierre
Cet ouvrage, abondamment illustré d'exemples, se veut un outil pédagogique pour faciliter la compréhension de ce «Marketing de rue» tant développé par ses acteurs en Afrique. Son but est de mettre à la disposition des étudiants et responsables d'entreprises un manuel leur permettant de saisir les opportunités qui leur sont offertes par ce nouveau marché que représente la rue et où se déroulent des pratiques commerciales «agressives» et une concurrence farouche entre les entrepreneurs individuels, les grandes sociétés et les Petites et Moyennes Industries.
(Coll. Études africaines, 44.00 euros, 512 p., Illustré)
ISBN : 978-2-343-05770-5, ISBN EBOOK : 978-2-336-37547-2

L'AGENCE SPATIALE AFRICAINE
Vecteur de développement
Ouedraogo Sékou - Préface de Jean-Loup Chrétien
L'Algérie est en train de finaliser la conception de son premier satellite national ALSAT2B qui devrait être entièrement conçu par ses ingénieurs. Le Nigéria veut envoyer un astronaute dans l'espace avant la fin 2015. Qui peut le croire ? Et pourtant, l'Afrique possède des agences spatiales nationales crédibles et des organisations panafricaines qui travaillent sur le sujet. Pour utiliser efficacement ces applications spatiales au service du développement, l'auteur défend la création d'une Agence Spatiale Africaine.
(Coll. Diplomatie et stratégie, 18.50 euros, 188 p.)
ISBN : 978-2-343-05942-6, ISBN EBOOK : 978-2-336-37375-1

UN CHEF-D'ŒUVRE DES ARTS D'AFRIQUE
La plateau de Fa (golfe du Bénin), collection Christoph Weickmann Ulm, 1659
Biton Marlène-Michèle
Dans cet ouvrage, l'auteur a tenté de mener une enquête sur un plateau de divination provenant des côtes de Guinée, importé il y a 350 ans à destination du cabinet de curiosités d'un marchand d'Ulm, Christoph Weickmann. Il s'agit d'abord de replacer cet objet dans son contexte historique et culturel et de retrouver les conditions de son arrivée en Europe. L'auteur entreprend également une analyse plastique précise ouvrant des perspectives sur les modalités de représentations utilisées et l'accès à une mythologie foisonnante.
(Coll. Ethnoesthétique, 30.00 euros, 290 p.)
ISBN : 978-2-343-04282-4, ISBN EBOOK : 978-2-336-37491-8

DE LA CEAO À L'UEMOA
Ou la genèse d'une intégration sous-régionale réussie
Sawadogo Fatimata - Préface de Cheikhe Hadjibou Soumaré

Cet ouvrage est un solide argumentaire de la trajectoire de l'intégration ouest-africaine. Cette analyse historique sur les principales organisations qui ont précédé la CEAO (Communauté économique de l'Afrique de l'Ouest), se concentre sur les acquis et les insuccès de cette dernière. L'auteur analyse le passage de la CEAO à l'UEMOA (Union économique et monétaire ouest-africaine) pour mieux démontrer les grandes avancées sur le difficile chemin de l'intégration sous-régionale. Elle insiste sur le bilan positif de l'UEMOA eu égard aux nombreuses actions concrètes dans tous les secteurs de la vie socio-économique au profit des populations.

(15.50 euros, 152 p.,)
ISBN : 978-2-343-05985-3, ISBN EBOOK : 978-2-336-37437-6

CHEIKH HAMAHOULLAH – Homme de foi et résistant
L'Islam face à la colonisation française en Afrique de l'ouest
Traoré Alioune

Cheikh Hamahoullah fut l'un des principaux propagateurs du tijânisme en Afrique occidentale. Il mena un combat inlassable pour la liberté et la dignité des peuples d'Afrique pendant la période coloniale. En s'appuyant sur des documents d'archives, la tradition orale africaine et des manuscrits conservés par les fidèles et les adversaires du Cheikh, l'auteur rejette l'image d'un Hamahoullah agitateur sans culture et sans foi, que répandaient complaisamment les rapports des administrateurs coloniaux.

(34.00 euros, 404 p.)
ISBN : 978-2-343-04694-5, ISBN EBOOK : 978-2-336-37070-5

QUELLE AFRIQUE POUR LES JEUNES ?
Lettre ouverte
Barry David

Ce livre est une lettre ouverte d'un panafricaniste convaincu. Il s'adresse aux jeunes, car ce sont eux qui peuvent encore nourrir de grands rêves et qui ont encore la capacité de s'indigner. Le panafricanisme est pour l'auteur la seule voie royale qui permettra aux jeunes de retrouver une certaine cohérence, un sens et surtout de reprendre l'initiative. Cette lettre ne comporte pas de recettes mais propose une démarche en fournissant des repères.

(Harmattan Burkina Faso, Coll. L'Harmattan International Burkina Faso, 16.50 euros, 166 p.,)
ISBN : 978-2-343-06009-5, ISBN EBOOK : 978-2-336-37484-0

L'HARMATTAN ITALIA
Via Degli Artisti 15; 10124 Torino
harmattan.italia@gmail.com

L'HARMATTAN HONGRIE
Könyvesbolt ; Kossuth L. u. 14-16
1053 Budapest

L'HARMATTAN KINSHASA
185, avenue Nyangwe
Commune de Lingwala
Kinshasa, R.D. Congo
(00243) 998697603 ou (00243) 999229662

L'HARMATTAN CONGO
67, av. E. P. Lumumba
Bât. – Congo Pharmacie (Bib. Nat.)
BP2874 Brazzaville
harmattan.congo@yahoo.fr

L'HARMATTAN GUINÉE
Almamya Rue KA 028, en face
du restaurant Le Cèdre
OKB agency BP 3470 Conakry
(00224) 657 20 85 08 / 664 28 91 96
harmattanguinee@yahoo.fr

L'HARMATTAN MALI
Rue 73, Porte 536, Niamakoro,
Cité Unicef, Bamako
Tél. 00 (223) 20205724 / +(223) 76378082
poudiougopaul@yahoo.fr
pp.harmattan@gmail.com

L'HARMATTAN CAMEROUN
BP 11486
Face à la SNI, immeuble Don Bosco
Yaoundé
(00237) 99 76 61 66
harmattancam@yahoo.fr

L'HARMATTAN CÔTE D'IVOIRE
Résidence Karl / cité des arts
Abidjan-Cocody 03 BP 1588 Abidjan 03
(00225) 05 77 87 31
etien_nda@yahoo.fr

L'HARMATTAN BURKINA
Penou Achille Some
Ouagadougou
(+226) 70 26 88 27

L'HARMATTAN SÉNÉGAL
10 VDN en face Mermoz, après le pont de Fann
BP 45034 Dakar Fann
33 825 98 58 / 33 860 9858
senharmattan@gmail.com / senlibraire@gmail.com
www.harmattansenegal.com

L'HARMATTAN BÉNIN
ISOR-BENIN
01 BP 359 COTONOU-RP
Quartier Gbèdjromèdé,
Rue Agbélenco, Lot 1247 I
Tél : 00 229 21 32 53 79
christian_dablaka123@yahoo.fr

Achevé d'imprimer par Corlet Numérique - 14110 Condé-sur-Noireau
N° d'Imprimeur : 127146 - Dépôt légal : mars 2016 - *Imprimé en France*

www.ingramcontent.com/pod-product-compliance
Lightning Source LLC
LaVergne TN
LVHW010024081026
849535LV00016B/3247
9782343088501